农村经济发展与经营管理丛书

主编　晋保平　蔡　昉

农产品国际贸易实务

龚　晶　编著

中国社会出版社

总序 造就新农民 建设新农村

李学举

党的十六届五中全会作出了建设社会主义新农村的战略部署。在社会主义新农村建设过程中，大力发展农村文化事业，努力培养有文化、懂技术、会经营的新型农民，既是新农村建设取得进展的重要标志，也是把社会主义新农村建设不断推向前进的基本保证。

为落实中央的战略部署，中央文明办、民政部、新闻出版总署、国家广电总局决定，将已开展三期的“万家社区图书室援建和万家社区读书活动”由城市全面拓展到农村，“十一五”期间计划在全国三分之一以上的村委会开展农村图书室援建和读书活动，使两亿多农民由此受益，让这项造福城市居民的民心工程同时也造福亿万农民群众。中央领导同志对此十分重视，中共中央政治局委员、国务院副总理回良玉同志作出重要批示：“发展农村文化事业是新农村建设的重要内容，也是农村发展中一个亟待加强的薄弱环节。在农村开展图书室援建和读书活动，为亿万农民群众送去读得懂、用得上的各种有益书刊，对造就有文化、懂技术、会经营的新型农民，满足农民全面发展的需求，将发挥重要作用。对这项事关农民切身利益、事关社会主义新农村建设的重要活动，要精心组织，务求实效。”

中共中央政治局委员、中央书记处书记、中宣部部长刘云山同志也作出重要批示。他指出："万家社区图书室援建和万家社区读书活动，是一项得人心、暖人心、聚人心的活动，对丰富城市居民的文化生活、推动学习型社区建设发挥了重要作用。这项活动由城市拓展到农村，必将对丰富和满足广大农民群众的精神文化生活，推动社会主义新农村建设发挥积极作用。要精心组织，务求实效，把这件事关群众利益的好事做好。"

为了使活动真正取得实效，让亿万农民群众足不出村就能读到他们"读得懂、用得上"的图书，活动的主办单位精心组织数百名专家学者和政府相关负责人，编辑了"建设社会主义新农村书屋"。"书屋"共分农村政策法律、农村公共管理与社会建设、农村经济发展与经营管理、农村实用科技与技能培训、精神文明与科学生活、中华传统文化道德与民俗民风、文学精品与人物传记、农村卫生与医疗保健、农村教育与文化体育、农民看世界等10大类、1000个品种。这些图书几乎涵盖了新农村建设的方方面面。"书屋"用农民的语言、农民的话，深入浅出，使具有初中文化水平的人就能读得懂；"书屋"贴近农村、贴近农民、贴近农村生活的实际，贴近农民的文化需求，使农民读后能够用得上。

希望农村图书室援建和农村读书活动深入持久地开展下去，使活动成为一项深受欢迎的富民活动，造福亿万农民。希望"书屋"能为农民群众提供一个了解外界信息的窗口，成为农民学文化、学科技的课堂，为提高农民素质，扩大农民的视野，陶冶农民的情操发挥积极作用。同时，也希望更多有识之士参与这项活动，推动农村文化建设，关心支持社会主义新农村建设。

值此"新农村书屋"付梓之际，以此为序。

前 言

自从 1978 年农村实行家庭联产承包责任制以来，改革开放的春风率先从农业和农村吹来。在这近三十年的发展过程中，我国农业和农村经济增长很快，结构变化非常明显，对外开放的程度不断提高。在全球化的浪潮中，我国农业和农村经济与世界经济的联系进一步加深，逐步融入到整个世界经济体系中。经过几十年的发展，我国正在成为一个对世界市场有着重要影响的农产品贸易大国。我国农产品出口由 1992 年的 120 亿美元，增长到 2004 年的 173.3 亿美元，年均增长率为 2.87%；农产品进口由 98 亿美元增加到 328.8 亿美元，年均增长率达 10.24%。

我们可以从贸易增长的数据中看出来，我国农业正在受到经济全球化的影响。农产品对外贸易对于促进我国经济的增长具有重要意义。首先，我国农产品出口仍然可以发挥积累外汇的作用。在历史上我国农产品出口为我国外汇积累作出了巨大的贡献。一直到今天，我国农产品出口在整个对外贸易中仍占有十分重要的地位。其次，我国农产品的出口能够拓宽农民朋友的就业渠道、提高农民朋友的收入水平和调整农业结构，而且作用越来越大。我国出口农产品以劳动密集型产品为主，在农产品出口中占 76%以上的份额。研究表明，我国农产品出口 1 美元，就能够额外产生 1.66 美元的经济活动；每出口 1 万美元的农产品，能直接和间接创造近 28 个就业岗位。最后，农产品进口可以缓解我国资源短缺的压力，促进农业比较优势的发挥和农业资源配置的优化。我国人口众多，人均土地资源、水资源等十分贫乏，适当进口一些耗费土地资源和水资源较多的农产品，可以缓解资源匮乏的压力，更加合理地配置农业资源，更好地发挥我国农业的比较优势。总之，根据上面的分析，农产品国际贸易对于农业和农村经济，甚至整个国民经济的健康发展都具有十分重要的意义。

然而，现阶段我国农产品贸易正面临着巨大的挑战，它对国民经济的影响也将会有好的和坏的两个方面。它既有可能成为拉动国民经济增长的重要动力，又有可能成为危害经济发展的重要根源。从 2005 年开始，我国农业在加入 WTO 谈判中争取的过渡期基本结束，我国成为世界上农产品市场最开放的国家之一。过渡期的结束，意味着我国农业进入了对外开放的新阶段，我国农业和农村经济将进一步融入经济全球化进程中。加入 WTO 对我国农业和农村经济的影响和挑战是长期的，在未来将逐步显现出来。这具体表现在以下方面：

第一，农产品进口的压力越来越大。我国粮食进口关税配额数量每年将达 2216 万吨，占商品量的 15%。按中国粮食口径，将配额折成原粮（包括将豆油配额折成大豆），则粮食进口配额数量达 4107 万吨，相当于国内粮食消费总量的 8%～9%。如果全部进口到国内市场，将会对国内生产和国际市场产生深刻的影响。

第二，农产品贸易逆差可能会长期存在。“过渡期”三年来，大豆进口增长较快，配额农产品如棉花、食糖、羊毛、棕榈油等进口较多，配额使用率较高，今后进口仍将呈扩大趋势。根据我国农产品供需结构和农业资源禀赋特征，据专家判断，今后我国农产品贸易将呈大进大出的趋势，贸易逆差有可能成为常态，这是今后影响国际收支平衡的一个潜在因素。

第三，国际市场风险防范和管理的难度增大。随着各个领域全面对外开放，我国将面临越来越多的国际市场风险的挑战，防范和化解的难度日益增大。而国际农产品市场由于农产品固有的易腐、不易运输等特点，市场风险更大。

第四，农产品国际贸易的环境变得越来越复杂。加入世贸组织之后，我国进入贸易摩擦高发期。技术性贸易壁垒、反倾销、特殊保障条款等成为今后我国农产品出口的主要壁垒。发达国家继续对农业提供巨额补贴，国际农产品贸易被严重扭曲，国际社会建立农业贸易新规则和新秩序的步履十分艰难。

毫无疑问，不管人们是不是愿意，在运输条件、信息技术越来越发达的今天，全球化的浪潮将会席卷世界的每一个角落。要把农产品贸易面临的挑战转化为机遇，就必须在各方面做好充分的准备，其中最重要的是知识和信息方面的准备，也就是说农民朋友要进行有关国际贸易知识方面的培训。农民朋友要充分了解农产品国际贸易的基本形势，了解农产品国际市场的最新动态，掌握有关国际贸易实务的基本知识，增强应对国际市场风险的能力。知己知彼，才能百战不殆。

让农民朋友了解农产品国际贸易的特点与形势，了解国际贸易实务的基本知识，在加入世贸组织之后做好知识和信息方面的准备，对于农业和农村经济的发展，乃至整个国民经济的发展，都有着十分重要的意义。

本书正是以此为出发点，紧密结合农产品贸易的特点，以通俗易懂的语言，简明扼要地介绍了国际贸易实务的基本知识。

目 录

第四章 贸易企业在国际贸易前的准备工作

第五章 交易磋商的基本程序

第六章 交易磋商的基本内容——产品条件

第七章 交易磋商的基本内容——价格条件

第八章　交易磋商的基本内容——支付条件

第九章　交易磋商的基本内容——产品装运条件

第十章　交易磋商的基本内容——产品运输保险

第十一章　交易磋商的基本内容——争议和索赔

第十二章　合同的订立、履行

第一章　我国农产品国际贸易总体情况

◆本章导读

加入 WTO 后，我国农产品市场逐渐向世界开放，农产品关税一降再降，农产品国内市场已经达到了前所未有的开放程度。这对于我们来说既是难得的机遇又是巨大的挑战。我们必须把握好现阶段国民经济发展以及农产品贸易的特点，帮助农民朋友做好应对市场开放的准备。了解本章内容，可以帮助农民朋友清楚地认识到农产品国际贸易中潜在的机会和风险，更加深刻地把握国际市场形势；了解出口农产品和主要出口市场的特点，将会更加有利于农产品国际贸易的开展和顺利运作。

自新中国成立以来，我国农产品国际贸易经历了增长、波动再到稳定发展的过程，现阶段我国农产品市场已经达到前所未有的开放程度，国际农产品市场的变动会在更大程度上影响我国农业和农村经济。因此，客观、全面地了解我国农产品贸易现状，对于指导农民朋友以及农产品贸易企业有着非常重要的意义。本章从叙述我国农产品国际贸易发展历程入手，全面介绍我国农产品贸易现状以及有关出口的详细情况。

第一节　我国农产品国际贸易发展历程

我国是传统的农业大国，农业生产历史悠久，积累了丰富的生产经验。新中国成立以来，我国农产品贸易获得了很大发展，在我国对外贸易中占有重要地位。

回顾半个多世纪的发展历程，我国农产品贸易大致可分为四个阶段。

一、缓慢发展阶段（1949年～1978年）

在新中国成立之后的近30年时间里，西方国家对我新生的人民政权实行政治孤立和经济封锁，使得我国进行对外贸易缺乏必要的国际政治环境。再加上长达十年的“文化大革命”更造成民生凋敝、社会动乱，国民经济处于崩溃边缘，进行对外贸易缺乏基本的物质基础。国民的基本温饱长期没有得到解决，农产品供应严重短缺，出口缺乏生产能力支撑。

这一时期农产品对外贸易的主要特点是：

（一）规模小，增长慢

1953年～1978年期间，我国农产品出口额多数年份在20亿美元左右徘徊，1978年也只有61亿美元。

（二）贸易伙伴不多，市场比较单一

意识形态之争超越了经济的互惠互利，贸易往来也分成东西方两大阵营。这一时期，与我国开展农产品贸易往来的60多个贸易伙伴主要是东欧、亚非拉地区的社会主义国家和其他发展中国家。

（三）农业是对外贸易的支柱产业

改革开放之前，农产品出口占我国对外出口总额的70%以上，我国对外贸易基本上就是农产品的对外贸易。农产品作为我国主要出口创汇产品，为我国对外贸易作出了巨大贡献。

二、快速发展阶段（1979年～1993年）

党的十一届三中全会之后，以农村改革为突破口，各项改革迅速推进，为经济发展提供了强大动力。农业飞速发展，粮、棉、油、

糖等主要农产品连年增产，特别是1984年我国粮食总产迈上了8000亿斤的台阶，向世界宣告中国已经基本解决了温饱问题。1984年之后，尽管农业发展曾一度徘徊，但农业综合生产能力仍持续增强，1993年粮食总产又跃上9000亿斤的新台阶，为农产品出口贸易提供了稳定的基础和产品来源。同时，外贸管理体制改革逐步进行，外贸企业经营机制日益活化，推动了农产品贸易的发展。

这一阶段农产品贸易额在我国商品贸易总额中所占的比例呈下降趋势，出口额所占比例由1980年的26%下降到1993年的14%，进口额由1980年的34%下降到1993年的8%。这从一个侧面反映了我国农业与工业发展比重已经发生了重要变化。

这一时期的农产品贸易主要特点是：

（一）规模持续扩大，增长比较稳定

1978年之后，我国农产品进出口总额很快超过100亿美元，于1989年首次达到200亿美元，这一水平基本稳定至1993年。15年中，农产品贸易额有11年处于增长状态。

（二）出口稳定扩大，顺差明显增加

1979年农产品出口额仅为76亿美元，1993年达到126亿美元。1984年之后，农产品贸易一直保持顺差，年平均顺差约为8.7亿美元，1993年达到了41.7亿美元的最高水平。

（三）贸易伙伴增多，市场逐步多元化

与我国进行农产品贸易往来的国家和地区由原来的60多个发展到世界绝大部分国家和地区。主要进出口市场也发生了根本性变化，由原来的以社会主义阵营为主转向以市场经济国家和地区为主，美国、日本、西欧、东南亚、加拿大和澳大利亚等成为我国农产品主要贸易伙伴。

（四）出口产品逐渐集中，比较优势开始显现

水产品、畜产品和园艺类产品等劳动密集型产品成为主打品种，

三项合计占农产品出口总额的60％，其中水产品呈快速增长态势，20世纪80年代初，其所占份额为6％，1985年以后快速上升，至1993年达到13％左右。园艺类产品在80年代初所占份额约为25％，其后稍有下降，到1993年仍保持在20％左右。畜产品由期初的25％，下降到1993年的15％。

三、波动徘徊阶段（1994年～2001年）

在这一阶段，我国开始建设有中国特色的社会主义市场经济，各项改革全面展开并深入推进；我国加入世界贸易组织谈判紧张进行，对外开放步伐明显加快，全方位、宽领域、深层次的开放局面逐步形成；农业发展进入了以主要农产品供求基本平衡、丰年有余的新阶段。

这一时期的农产品贸易主要特点是：

（一）规模有所扩大，增长徘徊波动

1995年农产品进出口总额突破300亿美元，迈上了新的台阶，并连续四年保持同一水平。1998年之后有所下滑，直到2001年仍未恢复到1995年水平。

（二）出口基本稳定，进口波动较大

1994年～2001年，我国农产品年出口额基本稳定在150亿～160亿美元的水平，年均159.5亿美元，年际间波动很小。进口则不稳定，表现为前期多后期少，进口额最多的是1997年，最少的是1999年，前者是后者的2.3倍。进口的波动直接造成了这一时期农产品进出口总规模的徘徊。进口的减少与我国农业进入新阶段后国内农产品总体供过于求的形势有直接关系。

（三）比重下降，顺差增加

这一时期农产品对外贸易额占我国对外贸易总额的比重由期初的10.9％下降到了期末的5.5％，下降了近一半，但农产品进出口

顺差并未减少。与上一阶段相比，农产品年均顺差由 8.7 亿美元增至 23.9 亿美元。

（四）贸易结构发生变化，比较优势和比较劣势产品更加明显

在出口方面，水果及蔬菜、水产品、畜产品占农产品出口总额的比例进一步提高，达到 65%，其中水产品占 25%，水果和蔬菜产品占 23%，畜产品约占 17%。进口方面，小麦进口逐年减少，大豆进口急剧增加，成为这一时期各方关注的焦点。

四、开放发展阶段（2002 年至今）

2001 年底，我国加入世界贸易组织。以此为标志，我国对外开放进入了新的发展阶段，农产品贸易也随之迅速增长。在贸易总额激增的同时，贸易结构发生了变化。农产品贸易面临的国际环境也愈加复杂。随着市场开放步伐的加快，加入 WTO 时农产品关税减让等承诺逐渐兑现，农产品进口大幅度增加，由农产品净出口国转变为净进口国。

有关专家认为，加入世贸组织后，我国农业面临的竞争压力全面提升，特别有两个难以改变的因素值得重视：一是我国小规模分散经营的传统农业与国外大规模现代化农业难以竞争的局面，在较长时期内不会出现逆转；二是发达国家对农业高补贴、高保护所形成的不公正国际农产品贸易环境，在短期内也不会得到根本的改变。这些不利因素，使得我国在农产品进出口上受到很大压力。我国农产品在走出国门、走向世界的同时，也面临着更多的机遇和挑战。

总之，从我国农产品贸易的发展历程来看，对外开放是经济发展不可避免的趋势。我国农产品在走向国际市场的同时，必然会面对巨大的挑战。为此，我们必须立足于自身的比较优势，调整贸易结构，熟悉国际市场规则，使农产品贸易在国民经济中的重要作用得到充分发挥。

第二节 我国农产品贸易发展现状

根据海关统计，2005 年，我国农产品进出口总额达到 558.3 亿美元，比上年增长 8.6%。其中，农产品出口额为 271.8 亿美元，比上年增长 16.2%；进口额为 286.5 亿美元，比上年增长 2.2%。无论是农产品进口还是出口，这已经是连续第六年增长。农产品贸易逆差由上年的 46.4 亿美元缩小至 14.7 亿美元，减少 68.3%。中国农产品进出口总额占全国进出口总额的 3.9%，其中，农产品出口额占全国出口总额的 3.6%，农产品进口额占全国进口总额的 4.3%。

一、我国农产品贸易品种结构

从农产品贸易的品种结构看，我国出口产品以劳动密集型产品为主，进口产品以土地密集型产品为主。近年来，我国农产品出口数量和金额增长幅度较大的种类有蔬菜（含鲜冷冻蔬菜、加工保藏蔬菜和干蔬菜）、水果（含鲜冷冻水果、水果汁、水果罐头和其他加工水果等）、畜产品和水产品等。而进口量较大的产品是小麦、大米、大豆等大宗农产品，特别值得注意的是畜产品在 2005 年进口额超过出口额，存在 6.3 亿美元的逆差。我国农产品贸易结构不仅越来越符合我国农业的比较优势，而且也反映了国内市场的变化。

2006 年 1～5 月份，我国主要的出口品种和出口金额增长较快的农产品如表 1－1 所示。

表 1－1　2006 年 1～5 月份中国主要农产品出口金额（单位：万美元,%）

农产品类别	2006 年 1～5 月份出口金额	2005 年 1～5 月份出口金额	同比增长率
水、海产品	181341.1	164138.1	10.5
水产品制品	137172.8	114842.7	19.4
食用蔬菜	141996.7	111865.5	26.9
蔬菜、水果、坚果等制品	143566.5	126684.9	13.3
谷物	52353.3	52250.8	0.2
肉类制品	50271.4	40467.9	24.2

资料来源：http：//www.mofcom.gov.cn/

进口的主要农产品有小麦、玉米、大米、棉花、羊毛、奶制品等。其变化情况如表 1－2 所示。

表 1－2　2006 年 1～5 月份中国进口主要农产品金额（单位：万美元,%）

农产品类别	2006 年 1～5 月份出口金额	2005 年 1～5 月份出口金额	同比增长率
水、海产品	119806.7	114408.3	4.7
油料、工业用或药用植物、稻草、秸秆及饲料	309635.2	287971.7	7.5
动植物油脂及其分解产品	131410.0	124629.8	5.4
谷物	36171.3	82713.5	－56.3
畜类产品	153736.9	142307.5	8.0

资料来源：http：//www.mofcom.gov.cn/

二、我国农产品贸易的地区结构

在国际市场方面，我国农产品出口市场仍然相对集中在日本、欧盟、韩国、美国和东盟等市场；进口市场也相对集中在美国、东盟、阿根廷、巴西、澳大利亚等国家。

在国内市场方面，我国农产品出口主要省份是山东、广东、浙江、辽宁、江苏和福建等。如表 1－3 所示。

表 1—3 中国农产品出口主要省份（单位：万美元，%）

省份	2006 年 1～5 月农产品出口金额	2005 年 1～5 月农产品出口金额	同比增长率
山东	294911.2	257716.2	14.4
广东	138971.2	125403.3	10.8
浙江	108145.6	101618.0	6.4
福建	97442.5	85039.7	14.6
辽宁	88937.6	76548.3	16.2
江苏	45164.5	35801.1	26.2
上海	40627.5	36953.1	9.9

资料来源：http：//www.mofcom.gov.cn/

从 2006 年 1～5 月份的农产品出口额可以看出，山东是农产品出口金额最大的省份，位居全国第一，同比增长 14.4%。山东自 2000 年超过广东成为我国最大的农产品出口省，2000 年～2003 年农产品出口年平均增长率达 24.4%。就增长率而言，江苏增长最快，同比增长 26.2%，而上海和浙江增长较慢，同比增长率分别为 9.9%和 6.4%

三、阻碍农产品贸易的主要因素

尽管近年来我国农产品质量安全状况得到很大改善，但它仍然是制约我国农产品扩大出口的重要因素。国外越来越高的技术性贸易壁垒，更是形成了对我国农产品出口的巨大障碍。此外，我国农产品出口政策支持体系尚未形成，贸易保障机制还不完善；农产品加工业发展滞后，农产品加工增值程度低；农业生产所需自然资源不足；农业生产规模小，组织化程度低。这些都是不利于我国农产品出口增长的长期因素。我们必须尽力克服这些因素，促进农产品贸易的健康发展。

第三节　主要的出口农产品

对农民朋友而言，出口农产品比进口农产品更为重要。首先，农民朋友直接分享农产品出口利益。农产品出口形势良好，农民朋友的收入就会相应得到提高；而农产品进口是通过与国内农产品的竞争，来影响农民朋友的收入，影响不直接、不显著。其次，农民朋友更多地参与农产品出口，而进口往往只是对外贸易企业的行为。因此，由于篇幅有限，本节和第四节只介绍出口农产品和主要的出口市场，而对进口农产品没有涉及。出口的农产品主要有以下几种：

一、蔬菜

中国是蔬菜生产大国，蔬菜出口在农产品贸易中占有重要地位。进入 20 世纪 90 年代后，中国蔬菜生产发展势头迅猛，各地在农业结构调整中，无不把发展蔬菜生产作为一项战略措施，东、中、西部蔬菜生产规模全面扩大，目前我国蔬菜的生产量已占世界蔬菜总产量的一半左右。而与此同时蔬菜出口也获得了迅速的发展。

中国蔬菜生产格局随着经济水平的提升在不断地变化。在 20 世纪 80 年代中期到 90 年代初我国蔬菜生产一方面由大中城市向远郊区扩展，另一方面由城市郊区向广大农区扩展，逐步形成了城市近郊、远郊结合和城市郊区同农区结合的多层次多流向的网状生产布局；到 90 年代，我国蔬菜生产布局从以农区为辅变为农区为主，农区蔬菜的播种面积约占全国蔬菜总面积的 80%，全国蔬菜产区更加集中，蔬菜大县不断增加，蔬菜播种面积在 6667 公顷以上的县由 1990 年的 163 个增加到 1998 年的 559 个，其中 2 万公顷以上的大县已有55 个。

先向城市郊县不断发展，然后进一步向农区发展建立蔬菜生产基地，这正是我国蔬菜产地格局调整的主要发展趋势。进入 21 世纪，作为参与国际农产品竞争的主要领域，蔬菜产业将在新一轮的农业结构调整中受到更多关注，在增加农民朋友的收入、实现产业化经营方面发挥不可替代的作用。

从出口品种来看，我国蔬菜出口主要以保鲜蔬菜、蔬菜腌制品、蔬菜干制品、冷冻保藏蔬菜和蔬菜罐头为主。保鲜蔬菜主要出口日本、韩国、新加坡、美国、中东等，部分特产蔬菜如生姜还出口英国、澳大利亚、法国；腌渍蔬菜主要出口日本、韩国、美国、新加坡，特别是日本对腌渍蔬菜的需求量很大，日本蔬菜加工品中55%是腌制品，腌渍蔬菜是每个家庭一日三餐的必备品，日本市场每年消费腌渍蔬菜约40亿美元，预计我国对日本出口腌渍蔬菜将会不断增加；脱水蔬菜主要销往西欧、日本、美国、澳大利亚、韩国、新加坡等，其中西欧、美国和日本是脱水蔬菜的主要市场；蔬菜罐头主要出口西欧、美国、日本、韩国；蔬菜汤主要出口美国、西欧、日本等，世界市场每年需要量近百万吨；冷冻保藏蔬菜主要出口日本、韩国、美国、西欧、新西兰、澳大利亚。

为了支持和鼓励我国蔬菜出口，政府对蔬菜出口企业有如下优惠政策：政策性金融支持，对出口企业提供出口信贷和出口信用保险、优惠的融资条件及配套的金融和保险服务；对蔬菜出口制定有相应的出口退税优惠，以鼓励出口企业经营等。

二、茶叶

我国是世界上最早发现和利用茶树的国家，是茶树的发源地。迄今为止，已有5000多年的历史。

目前我国拥有世界23%的茶叶品种，年产量68万吨，1/3以上用于出口，出口量占茶叶国际贸易总量的20%左右，其中绿茶占世界绿茶出口约85%。在主要产茶区，茶叶已经成为支柱产业，成为财税收入的主要来源。

我国的许多省份都出产茶叶，但主要集中在南方。一般将我国的产茶区划分为四大茶区：①江北茶区，这是我国最北的产茶区。包括长江中下游以北的山东、安徽、苏北、河南、陕西、甘肃等地。主要的产品是绿茶。②江南茶区，这是我国茶叶市场最为集中的地区。包括长江中下游以南的浙江、安徽、苏南、江西、湖北、湖南、福建等地。茶叶的品种较多，有红茶、绿茶、乌龙茶等，产量也很大，品质好。③华南茶区，南岭以南的产茶区，即广东、广西、海南、台湾等地，是我国最南的茶区，以生产红茶、乌龙茶为主。④西南茶区，这是我国西南各省产茶区。一般认为这一带是茶树的原产地，地理和气候很适宜发展茶叶生产，目前产量最大的是绿茶。

目前各类茶叶的贸易情况是：

(1) 绿茶：2005 年我国绿茶出口到 105 个国家和地区，出口量 20.6 万吨，金额 3.3 亿美元，同比分别增长 5.1%、12.4%。我国对北非、西非、独联体市场绿茶出口增势强劲；对美国、加拿大出口亦有小幅上升；对欧盟出口呈小幅下降；对日本绿茶出口下降幅度较大。虽然越南、印尼等国的绿茶出口量有小幅增长，但我国绿茶品质得天独厚，竞争优势明显，仍处于霸主地位。

(2) 红茶：2005 年我国出口红茶 3.6 万吨，金额 4000 万美元，同比分别下降 9%、3%。我国对欧盟、美国、俄罗斯等市场的红茶出口均呈下降趋势。

(3) 特种茶：2005 年我国特种茶出口 4.5 万吨，出口金额 1.14 亿美元，同比增长 12.3%。特种茶是我国独有的出口商品，出口主要集中在日本、香港、美国、东南亚市场，消费区域较为固定。2005 年我国乌龙茶对日本出口呈下降趋势。

目前，技术壁垒是制约我国茶叶出口的主要因素，会极大地影响茶叶生产的稳定性。发达国家在茶叶安全卫生健康等方面制定越来越高的法规，尤其是发达国家对农药残留、放射性残留、重金属含量的规定日趋严格和苛刻。如欧盟2000年7月开始实行了新的农药最高允许残留标准，美国、俄罗斯、澳大利亚也提高了对我国茶叶的进口技术标准，到2002年底欧盟茶叶农药残留检测标准从6项提高到134项。日本于2006年5月29日开始实行的“肯定列表制度”对茶叶出口会有非常大的影响。日本茶叶的95%，进口自中国，日本将符合消费者饮用习惯的“茶汤检测”改为“全茶溶剂检测法”。据商务部评估，这将使我国茶叶检出农药的几率上升10倍。

三、水产品

我国是世界水产养殖大国，目前，我国水产品养殖产量占世界的70%。养殖水产品不仅满足了国内水产品供应，而且对我国水产品的国际贸易也起到了重要作用。20世纪80年代，我国兴起的对虾养殖，使我国对虾养殖产量跃居世界首位。1990年，我国养殖对虾产量达到20多万吨，为我国水产品出口创汇7.1亿美元，占我国当年水产品出口总额的47.2%；80年代末90年代初的贝类养殖热，为我国直接带来每年4.4亿美元的收入；90年代中后期，我国又成功开发了鳗鱼养殖。自1995年，鳗鱼出口一直是我国水产品出口创汇的第一大品种。根据对海关统计数字的初步测算，目前我国出口水产养殖产品约15亿美元左右，占水产品出口总额的39%以上。

根据国际市场的需要，我国不断开发适销对路的出口品种，大力发展名特优水产品养殖和来料加工、进料加工贸易，有效地促进了水产品进出口贸易。水产品加工贸易出口的主要品种是冻鱼片和冻鱿鱼。山东省是我国最大的鱼片加工出口基地。美国、日本、欧盟、加拿大、韩国是我国鱼片出口的主要市场。近几年来，由于国际社会加强了对渔业资源的管理，鱼片生产原料供应紧张，使国际鱼片市场出现供不应求的局面。我国及时抓住机遇，大量从俄罗斯进口原料，确保我国鱼片生产和出口的需要。

日本历来是我国水产品最大的出口市场。出口日本的水产品多达120多种，主要品种为烤鳗、冻鱼片、鱿鱼、冰鲜鱼、裙带菜和虾蟹类；韩国是我国自产大宗水产品的主要市场之一。由于消费习惯相似，且我国出口韩国的自产大宗水产品价格较低，因此，最近几年，韩国进口我国水产品持续增长，市场前景看好，品种主要有各种冻鱼、活鱼和冻章鱼等初级产品；近几年我国对欧盟的出口也稳步增长。

目前面临的问题仍是反倾销和贸易技术壁垒问题。1996年，我国遭到美国对我国淡水小龙虾的反倾销，最后美国征收260％的反倾销税，使我国失去了一个主要的淡水小虾出口市场。国际社会越来越重视贸易与环境问题，生态标签问题将成为潜在的又一个非关税壁垒，应当引起我们的高度重视。

四、水果

我国是世界果树主要生产地，2003年（水果类）果树栽培面积已达9436.7万公顷，占世界果树总面积的18.0％，总产量7551.5万吨，约占世界总产量的15.7％，栽培面积和产量均居世界首位。据联合国粮农组织统计，我国苹果（占世界苹果总产量的36.4％）、梨（占世界梨总产量的57.0％）、桃（占世界桃总产量的41.6％）、李、柿等位居世界的首位，柑橘（占世界柑橘总产量的13.0％）、香蕉（占世界香蕉总产量的8.5％）、菠萝、葡萄（占世界葡萄总产量的8.5％）和猕猴桃位居世界前5位。我国大宗水果在世界上占有重要地位。

从数量结构看，主要品种仍是鲜苹果、苹果汁和柑橘。山东、浙江、广东、陕西和辽宁是我国水果出口的主要省份。美国、日本、俄罗斯、印度尼西亚是我国水果出口的主要国家。

目前面临的主要问题是东盟国家水果对我国水果产业的竞争。东盟国家向我国出口的水果品种主要是热带水果，除了少量的榴莲、山竹、鳄梨、蕃石榴外，大部分是与我国广东、广西、海南、云南等热区产品相雷同的龙眼、荔枝、香蕉，对我国热区水果构成了严重的威胁。如2002年越南从广西口岸向我国出口龙眼干、荔枝干总量达4万吨，折合鲜水果15万吨，相当于广西2001年的荔枝产量。由于越南产品上市早，价格低，抢走了大批传统客户，广西荔枝龙眼大量上市时大批加工客户需求已基本饱和，导致广西荔枝、龙眼销往外地的数量不断减少，价格首次跌破每公斤两元的底价。

第四节　主要的出口市场

我国农产品出口的国家很多，这里只介绍最主要的两个出口国家——日本和美国。

一、日本

日本是我国农产品出口的主要市场，出口额排名第一。据中国海关统计，2002年中日贸易进出口总额已经突破千亿美元大关，日本连续10年成为我国第一大贸易伙伴国，据日本农林水产品的统计，2003年在日本对其农林水产品进口国的排名中，中国仅次于美国，继续保持着第二名的地位。

（一）中日农产品贸易状况

中国对日本出口主要存在以下优势：①中国与日本相邻，运输成本低而且时间短；②中国食品具有价格上的比较优势；③中国可以提供多种多样的食品；④中国的有机食品深受日本消费者的青睐。

日本从中国进口的主要农产品有玉米、大豆、鸡肉、新鲜蔬菜、冷冻蔬菜、新鲜和干燥水果、酒精饮料等。从近几年的进口量上看，农产品中玉米、新鲜蔬菜和酒精类饮料呈增长势头，从进口额上看，2003年日本从中国进口的农、水产品略呈减少态势。其中，鸡肉由于受禽流感的影响，从中国的进口大量减少，此外冷冻蔬菜等也由于日方严格检查农药残留量而使进口量有所减少。

（二）日本农产品对外贸易政策及贸易管理制度

由于日本对进口的中国产品有很多限制和壁垒，了解日本的贸易政策对于应对可能的贸易壁垒和贸易摩擦有十分重要的意义。

1. 高关税与非关税贸易壁垒

日本的高关税措施主要是对进口农、水产品征收高额关税，而且征税品种多。农产品征税品种约占80%，其中半数以上农、水产品的关税税率超过15%。同时，农产品关税升级与关税配额制度双管齐下，从价关税与从量关税并用，关税计征相当复杂，实际上也抬高了贸易门槛。

日本对农业的贸易保护措施主要是非关税措施，它包括通过立法禁止或限制进口、建立进口许可制度、数量限制、价格限制和反倾销等措施。通过运用这些非关税措施，日本政府控制农产品的进口，以达到保护国内农业生产的目的。日本农产品贸易技术壁垒对我国农产品出口造成重大影响的是食品卫生法、动植物检疫法、环保法等制度。另外，进口许可制度、数量限制措施、价格限制和反倾销措施等都对我国农产品的出口造成非常大的影响。

日本对进口农产品、畜产品以及食品类的检疫防疫制度非常严格，对于入境农产品，首先由农林水产省下属的动物检疫所和植物防疫所从动植物病虫害角度进行检疫。同时，由于农产品中很大部分用作食品，在接受动植物检疫之后，还要由日本厚生劳动省下属的检疫所对具有食品性质的农产品从食品角度进行卫生防疫检查等。另外，对出口国的农产品产地也有严格的规定，如发生传染病地区的动物食品，以及农药、化肥使用种类和用量超出规定标准产区的粮食、蔬菜及水果等农产品都禁止进口。

日本根据WTO《进口许可程序协议》制定了本国的进口控制

法，该法授权日本经济产业省负责进口许可管理，许可的范围包括进口配额管理、特别支付、进口前许可等。数量限制措施在限制农产品进口方面，日本主要是利用未纳入原关税贸易总协定（GATT）管辖范围的农产品，提出保护本国农、牧、鱼类产品的保护性限制数量，根据WTO的农产品协议的内容，日本将逐年取消此类产品的进口数量限制。但到目前为止，日本仍保护牛奶、大米、豆类（大豆以外）、花生、海产鱼类和含奶制品的加工食品等商品，并对这些商品的进口实行进口数量限制。

2. 利用立法手段实施严格的进口管理

近年来，日本对法律的修订越来越频繁，如2002年就修订了关税法、动植物检疫法、食品标准、规格、认证制度和进口程序等法规。

2002年日本修订的关税定率法的内容包括：①小额进口物品的简易税率下调。②关税的减免、返还制度的修改。③暂定税率及农产品的特别紧急关税措施的适用期限的延长。④以国际协定为基础，引入特别安全保障制度等。⑤修订有关关税配额制度的政令。从2003年4月1日起，日本开始执行修订后的关税制度。

3. 标准和认证制度、进口程序的改变

日本农产品标准主要分两类：一类是质量标准；另一类是安全卫生标准，包括动植物疫病、有毒有害物质残留等。农产品标准的主要政府负责部门是农林水产省和厚生劳动省。到目前为止，农林水产省已对农产品颁布了7类、351种品质规格标准。日本厚生劳动省也对2000种农产品颁布了1000多个残留限量标准。

质量标准是JAS法所规定的标准，它是根据日本关于《农林物资标准化及质量表示规范化》（简称修正JAS法）的法律，而制定的针对饮食食品或木质建材等物资的质量和标识进行规范管理的标准。

JAS法还特别对有机农产品（食品）的标准和认证制度进行了规定。它对有机农业的栽培条件作出了严格的规定：果树和茶在收获前3年、蔬菜和稻米等在播种前2年不得使用农药和化学肥料。与此同时被许可的有关肥料、土壤改良材料、农药、调节用的生产资料等也有相应的规定。另外，JAS法还规定在加工食品中，有机农产品的比重必须占95%以上，对可以使用的食品添加剂和药剂也有相应的规定。

日本这种严格食品标准规定和认证制度以及对食品复杂的检验程序，实际上为进口商品设置了贸易技术壁垒。其进口手续的复杂烦琐和检验条件的苛刻，增大了中国农产品出口日本的难度。而且在进口食品的选择上，日本有关政府部门和进口商都首先在其国内进行充分的市场供求调查，在确认了哪种食品的市场需求后，才决定进口。

（三）与日本的农产品贸易争端

中日之间第一轮蔬菜贸易纠纷发生在1995年，日本要求中国限制大蒜和生姜的对日出口。2002年12月19日，日本宣布对从中国进口的大葱、香菇和灯心草进行调查。2001年4月10日，日本政府决定对大葱、香菇和灯心草采取200天紧急限制进口。2001年6月18日我国外经贸部宣布从7月22日起对从日本进口的汽车、空调、手机征收100%的特别关税，以报复日本对中国蔬菜进口实行关税配额。

二、美国

根据中国海关的统计，美国是中国农产品出口的第三大市场。美国在中国农产品出口总额中所占份额较大。根据中方统计，2004年达到10%，出口金额为23亿多美元。中美农产品贸易的互补性和成本结构与水平上的差异，使得中国农产品对美国出口具有显著的比较优势，出口潜力较大。

（一）出口农产品种类及结构

中国出口美国的农产品主要是劳动密集型及初加工的农产品。

水、海产品及制品，动物产品以及水果、蔬菜、坚果及其制品是中国农产品出口美国的主要产品类别，其出口总额占中国对美国农产品出口总额的80%左右。

(1) 水产品及其制品出口所占份额最大，占所有农产品出口总额的40%左右，而且出口结构有了很大的变化。1995 年出口主要为原料型水产品，占全部出口的35%，水产加工制品仅占3%；到2004 年时，原料型水产品占全部出口比例下降到28%，而水产加工制品比例上升到13%左右。出口较多的产品有海产虾、冻鳕鱼、龙虾、金枪鱼、冻黄鱼、罗非鱼、冻鱼片等。

(2) 园艺产品是动植物产品中出口最大宗的产品，增长幅度也最大。2000 年果蔬产品及其制品占中国对美国农产品出口的比例为17%，2004 年上升到28%。2004 年我国向美国出口的园艺产品中最多的是水果和加工水果产品，出口总额达3.58 亿美元，比上年增长35.45%。增长主要来自于鲜榨果汁的出口，2004 年出口量达到95 万吨，出口额为1.66 亿美元，同比增长分别为37.79%和64%。加工水果出口达到19.3 万吨，价值1.41 亿美元。

我国对美国出口园艺产品中，蔬菜和加工蔬菜产品居第二位，2004 年出口总额达2.37 亿美元，比上年同期增长了31%。其中，加工蔬菜产品11.6 万吨，金额1.01 亿美元，同比增长20%。

(3) 动物和动物产品出口主要以兔肉、肉类罐头为主。由于近年来美国对动物食品安全的高度关注和对进口产品检验检疫的加强，中国对美国动物类产品出口呈下降趋势。2000 年动物产品出口占中国对美国农产品出口的18%，到2004 年下降到仅占13%。中国禽类产品至今未通过美国的风险评估，始终未进入美国市场。

(4) 谷物出口以稻米为主。2004 年我国向美国出口的粮食谷物中稻米数量最大，为71210 吨，比上年减少了14.63%，出口额为2042 万美元；此外还出口小麦22089 吨、杂豆12054 吨，出口额分别为 1816 万美元和 826 万美元。

(5) 糖类、热带作物产品和烟草出口品种多、数量小。糖类产品在此类产品出口中金额最大，2004 年出口2.7 万吨，金额 6899 万美元，同比分别增长 24.8%和 26%；同期出口蜂蜜 26915 吨，金额 3033 万美元；出口辛辣调味品 37582 吨，金额 5137 万美元。

（二）近年来中美农产品贸易争端

自 20 世纪 80 年代以来，中国频频遭受国外对我国农产品反倾销和其他贸易争端的困扰，涉及反倾销案的商品有蜂蜜、大蒜、小龙虾、浓缩苹果汁、暖水虾等 26 种，被诉案件 42 起，涉及金额 8 亿美元；反补贴案件 1 起，保障措施案件 3 起，共涉及 14 个国家和地区。有的商品被征反倾销税近十年。涉及中美农产品贸易争端主要是美国对中国出口的一些农产品实行反倾销。

中国农产品出口也受到美国技术性贸易壁垒的影响。主要体现在严格的检验、检疫、认证、标准手段和措施上，大致分为四种情况。一是食品安全、动植物检验、检疫法规；二是质量标准、食品标签和包装要求；三是环境保护和动物福利要求；四是“绿色补贴”。其中尤其以动植物检验检疫和技术标准变化影响最大，如 2002 年 5 月，美国 FDA 宣布中国蜂蜜氯霉素残留检测限为 0.31μg/kg ，并有可能提高到 0.1μg/kg 。受此影响，中国蜂蜜 2002 年对美国出口约 7614 吨，比上年下降 52.35%，出口额约 809 万美元，下降 43.56%。

总体上看，中美农产品贸易争端呈现出以下特点：①受贸易争端影响的农产品范围越来越广，持续时间长；②中美农产品贸易争端导致其他一些国家效仿美国，采取类似措施，从而产生连锁反应；③贸易争端形式呈现多样性，除了反倾销以外，还有保障措施，反补贴及技术壁垒；④贸易争端造成的损害涉及面越来越广，不仅直接影响出口企业，还波及生产者和食品加工者。

第二章 国际贸易实务的基本知识

◆本章导读

本章主要介绍有关国际贸易实务的基础知识，目的是为了使农民朋友在接触国际贸易实务之前，先对国际贸易的性质、特点、法律规范和基本程序等情况有一个概括性地了解，同时也便于下文对具体知识的介绍。

第一节 国际贸易和国内贸易的差别

国际贸易与国内贸易都是指商品或劳务的交换，两者的基本理论、运作过程和方法基本上是相同的，经营目的也都是为了经济利益和利润。但是国际贸易的情况会更为复杂，具体表现在以下几个方面：

一、国际贸易所适用的法律规范比较多而且复杂

在国际贸易中，根据双方当事人的意愿，所适用的法律可以是某一方当事人所在国的法律，也可以是其他国家的法律，还包括国际贸易条约、国际贸易惯例。但是，在国内贸易中所适用的法律只能是该国国内的法律。

二、政府对国际贸易有更多的管理措施

各国对商品进出口有各种各样的限制或鼓励措施。例如，关税、配额、许可证、出口补贴、出口信贷等。另外，还要接受海关的监

管、政府有关管理部门的审批以及法定的进出口商品检验、支付货款或接受货款也要接受有关管理部门的监控，办理进口付汇和出口收汇的核销。而国内贸易就没有这方面的管理。

三、国际贸易面临的风险比较大而且情况复杂

例如，在国际贸易中，货物从一国运往另一国，需要经过长途运输，有的还需多种运输方式，所以，其运输风险比国内贸易大。再如，国际贸易中一般不易做到交获和付款同时对流，不能采用像国内贸易中的带款提货方式，往往是交货在先，付款在后，显然存在着支付风险。另外，国际贸易中还存在着价格风险、政治风险、汇率风险等。

四、国际贸易业务在操作上较复杂

由于国际贸易的业务环节多、涉及面广，因此，需要办理的手续就多，如进出口审批申请、商检、运输、保险、报关、外汇核销、退税、获取产地证等；此外，还要制作各种单据，解决语言不同、度量衡制度不同的问题，以及适应不同的风俗习惯和商业惯例等。

五、对从业人员素质要求较高

从事国际贸易业务的人员必须具备广泛的专业知识、较高的外语水平和良好的基本素质，才能胜任国际贸易实务工作。

第二节　与国际贸易有关的法律和法规

国际货物贸易是一种跨越国界的经济活动，它涉及的法律关系要比在同一法律制度下涉及的国内货物贸易法律关系复杂的多。对国际货物贸易关系的法律调整包括三个方面，即各国有关国际贸易的法律、

国际条约和协定以及国际贸易惯例。掌握这三个方面的有关知识，对于我国企业顺利开展国际贸易实务，维护企业在对外贸易中的权利，进一步发展和扩大我国农产品国际贸易市场，具有重要意义。

一、各国有关国际贸易的法律

商品贸易在各国经济中都占有极其重要的地位。各国都制定了一套有关贸易的法律，用来调整商品贸易过程中买方和卖方之间的权利和义务关系，以保障商品交换顺利进行。从内容和形式上看，可分为大陆法系和英美法系。

（一）大陆法系的贸易法

绝大多数欧洲国家、拉丁美洲国家、部分非洲国家及日本、土耳其等国家，都属于大陆法系。欧洲大陆法系的国家大多把有关贸易的法律编入民法典内，作为民法典的一个组成部分。

（二）英美法系的贸易法

除了英国和美国外，属于英美法系的国家还包括加拿大、澳大利亚、新西兰、爱尔兰、印度、巴基斯坦、马来西亚、新加坡等国家。我国香港特区也属于英美法系。英美法系各国原则上不存在民法与商法的区分。在英美法系国家，既没有民法典，也没有大陆法意义上的商法典。这些国家的贸易法由两个部分组成：一是普通法，即由法院以判例形式确定法律原则，属于不成文法；二是成文法或称制定法，即有关货物贸易的立法。

（三）我国有关货物贸易的法律

我国在积极参与国际经济贸易的同时，适时制定了各种涉及经济贸易的法律、法规。这些法律、法规在维护国家、企业和个人的利益，贯彻对外开放、发展对外贸易方面发挥了巨大作用。自改革开放以来，我国在对外贸易方面制定的法律、法规主要有：《中华人民共和国商标法》、《中华人民共和国专利法》（1984 年通过，1992

年修订)、《中华人民共和国涉外经济合同法》(1985 年)、《中华人民共和国海关法》(1987 年)、《中华人民共和国技术合同法》(1987 年)、《中华人民共和国进出口关税条例》(1992 年)、《中华人民共和国进出口商品检验法》(1989 年)、《中华人民共和国著作权法》(1991 年)、《中华人民共和国海商法》(1992 年)、《中华人民共和国仲裁法》(1994 年)、《中华人民共和国对外贸易法》(1994 年)、《中华人民共和国票据法》(1995 年)等。

二、国际贸易法条约

国际贸易法条约是在缔约国间或缔约国与适用该条款的国家之间具有法律效力的条约。在国际贸易法领域，主要公约有：《关税与贸易总协定》(1947 年)、《国际货币基金协定》(1944 年)。

在国际货物买卖方面，有《统一提单若干法律规定的国际公约》(1924 年)、《关于修订统一提单若干法律规定的国际公约议定书》(1968 年)、《联合国海上货物运输公约》(1978 年)、《联合国国际货物多式联运公约》(1980 年)。

在票据方面，有 1930 年制定的《联合国国际汇票与国际本票公约》(1988 年修订)、1933 年制定的《联合国国际支票公约》(1988 年修订)等。

在国际知识产权贸易方面，有 1883 年制定的《保护工业产权巴黎公约》(1967 年修订)、1891 年制定的《商标注册马德里协定》(1967 年修订)、《世界知识产权组织公约》(1967 年)。

在贸易管制方面，有《反倾销法》(1967 年)。

在仲裁方面，有《承认和执行外国仲裁裁决公约》(1958 年)、《联合国国际贸易法委员会仲裁规则》(1976 年)、《国际商会调解与仲裁规则》(1991 年)、《国际商会仲裁院仲裁规则》。除多边条约外，还有调整两国间贸易关系的双边条约。

三、国际贸易惯例

国际贸易惯例是在国际贸易长期交往中逐渐形成的不成文的原则和规则。国际惯例的效力有两种：一种是强制性规范，所谓强制性规范，是双方当事人必须遵守而不能随意加以更改的，如国际贸易实践中形成的“国际贸易术语”即属于这种惯例；另一种是任意性规范，所谓任意性规范，是指惯例在双方当事人同意适用时，才对当事人有约束力。国际贸易惯例，一般属于任意性规范。

国际贸易惯例一般来说是“不成文的”。但是为了便于人们理解、掌握或选择使用，促进国际间经济贸易的交往，一些民间组织，如国际商会将一些重要的惯例加以收集整理，编纂成文。目前，已整理编纂的国际贸易惯例主要有：

在贸易术语方面，有 1953 年制定的《国际贸易术语解释通则》（1990 年修订）、1932 年制定的《华沙——牛津规则》（1941 年修订）、《美国对外贸易定义》、1978 年制定的《银行担保统一规则》。

在国际贸易支付方面，有 1967 年制定的《托收统一规则》（1978 年修订）、1930 年制定的《跟单信用证统一惯例》（1993 年修订）等。

在上述国际贸易惯例中，《国际贸易术语解释通则》（1990 年修订）和《跟单信用证统一惯例》（1993 年修订），这两套国际贸易惯例已得到世界绝大多数国家和地区的承认与采用。目前，在国际贸易中有一种发展趋势，即趋向于接受国际贸易惯例，因为它既是解决各国法律分歧的一种办法，又能使本国的外贸业务不受外国法律的管辖。

我国国际贸易法已基本形成，并有了较大的发展，但是国际贸易法作为一个独立的法律部门仍处在发展与完善阶段：一是现有的国际贸易法方面的国际公约和贸易惯例还不能将国际贸易领域里一切问题包括其中；二是有许多国际公约和贸易惯例尚未被所有国家和地区承认与采用。因此，在发生贸易纠纷时，还要借助于冲突法规范，适用某一国家的民法或商法、海商法、贸易法来解决。为此，我们建议，在研究国际贸易法渊源的同时，还要注重研究国际公约、国际贸易惯例及各国国内商法和贸易法的有关规定。

第三节　国际贸易的基本程序

一、出口贸易的基本程序

（一）农民朋友在出口贸易前的准备

农民朋友在进行农产品出口贸易之前，应当做好以下两方面的工作：首先，要大力发展外向型农业。这需要农民朋友转变思想观念、了解国际市场、培育适销对路的农产品。这些是农产品打入国际市场的基本条件；其次，要寻找合适的贸易代理企业。一个资质良好的贸易代理企业可以帮助农民朋友规避国际市场风险，获取更多的利润。

（二）出口企业在出口贸易前的准备

出口贸易前开展国际市场调研和制订出口贸易计划。出口贸易前开展国际市场调研的目的在于把握国际市场，寻找有利的出口贸易机会。主要内容有：国外的商品供求、产品结构、价格趋势、市场竞争、贸易限制、社会文化、客户资信等。在进行国际市场调研的基础上，制订出口贸易计划，确定一定时期出口贸易的设想、做法等。制订计划有利于出口业务的管理，从而使出口业务各个环节顺利进行。

（三）出口贸易磋商和出口合同的订立

根据出口贸易计划，与客户进行接触联系。在与贸易对象建立业务关系之初，为了简化今后贸易磋商的内容，可以先与客户就一般交易条件达成协议。贸易磋商是指对出口贸易条件的具体内容进行谈判。

贸易磋商可以通过书信、电报等书面形式进行，也可以通过电话等口头形式进行。贸易磋商的一般程序是：询盘、发盘、还盘、接受。根据某些国家的法律规定，双方当事人还应该签署一份书面合同。

（四）出口合同的履行

履行出口合同的主要程序分为以下几步：

1. 准备货物，落实信用证

出口方按合同规定的数量和质量，在合同规定的交货时间准备好货物。落实信用证包括催证、审证和改证。

2. 商品检验，申报出口

货物准备好以后，要按照合同的规定或有关法规，报请商检机构进行检验。经检验合格，并获商检证明后，才能出口。

3. 安排运输，办理保险

出口企业一般委托运输代理机构办理运输事宜。根据出口企业对运输的时间、装运地等要求，找运输公司洽谈，办理运输手续。明确载货工具后，要及时办理运输保险。

4. 申报通关，装运货物

经海关查验放行后，可将货物装上运输工具，并从运输公司那里取得由其签发的运输单据。然后向进口方发出通知，以便进口方准备接受货物和支付货款等事宜。

5. 定制单据，收取货款

货物装运后，出口方要着手填制各种规定的单据，包括发票、汇票、运输单据、保险单据等主要的单据和其他单据。然后，把这些单据交给有关的银行。银行审查合格以后，把货款支付给出口方。合同履行完成。

二、进口贸易的基本程序

（一）进口贸易前准备

进口贸易前的准备包括国际市场调研和制订进口贸易计划。进口贸易前开展国际市场调研的目的在于把握国际市场，寻找有利的进口贸易机会。调研的主要内容有：国外的商品供应情况、品质及价格水平的比较等。在进行国际市场调研的基础上，制订进口贸易计划，确定一定时期内进口贸易的设想、做法。

（二）进口贸易磋商和订立进口合同

进口贸易磋商和订立进口合同的做法及程序与出口贸易基本相同。在与国外出口商建立业务关系之初，可先就一般贸易条件达成协议。贸易磋商的内容也就是各项贸易条件。贸易磋商的程序和方式等都与出口贸易差不多，不同之处主要是对贸易条件提出的要求不同。最明显的是进口时设法降低价格，从不同的立场提出对自己最有利的条件。

（三）进口合同的履行

履行进口合同的主要程序分为以下几步：

1. 申报进口

向政府有关管理部门申请领取进口许可证，有的商品进口则要获得进口配额。

2. 开证、改证

向银行申请开立信用证，以履行合同规定的付款义务。如果出口方收到信用证后经审核发现内容与合同规定不符合而提出修改则进口方要向银行申请修改信用证。

3. 托运、投保

进口方办理运输事宜，由运输公司派船到合同规定的出口方交货的装运港去接货；另外，还要向保险公司办理保险。

4. 审单、付款

收到开证银行提交的出口方交货单据后，进口方要对这些单据进行审核。如果符合规定，则要向开证银行交付货款，收取单据。

5. 提货、报关

货物运到目的港后，进口方凭运输提单向船方交单提货。货物进口要向海关申报，接受海关的审核，并缴纳进口关税。报关纳税后，货物才能进入国内。

6. 商品检验

进口方收到货物后，按合同规定可以向国内的商品机构申请商品检验。商品检验合格，进口方可接收货物；不合格，进口方可凭检验证明向出口方提出索赔。

第四节 国际贸易术语

国际贸易中的贸易术语有很多，在日常交易中使用最多的是FOB、CFR和CIF这三种术语。随着国际贸易的发展，特别是现代运输工具的广泛使用，目前FCA、CPT和CIP被认为是未来国际贸易中最常用的贸易术语，下面我们分别就这六种贸易术语做一介绍。

一、装运港船上交货——FOB

FOB是Free On Board的缩写，中译名为船上交货，术语后跟指定装运港。FOB又称“离岸价格”。

使用这种贸易术语时，卖方应按合同规定的时间在指定的装运港口，将货物装上买方所指定的船上并及时通知买方；卖方负责办理出口清关手续，承担货物越过船舷前的一切风险和费用，货发后，及时备单，提供有关的出口单证。买方要负责租船订舱、支付运费、并及时将船期、船名通知卖方；办理货物的投保手续、支付保险费、承担货物越过船舷以后的责任、风险和费用；办理货物进口清关的一切手续，包括取得进口许可证及其他官方证件；按受一切单据，支付货款、提取货物。

在采用FOB价格术语时，如果卖方将货物装上船后，没有及时通知买方投保，由此造成的一切风险所引发的损失，由卖方承担。如果买方指定了船只而没及时将船名、装运日期通知卖方，或船只没能如期到达，或没能按时承载货物，由买方承担由此造成的一切风险和损失。

除此之外，FOB价格术语在具体使用时，还应注意几方面的问题。

（一）关于风险界限问题

按照FOB术语的解释，卖方应“负担货物装上船前的一切费用和风险”，而买方应“负担货物装上船后的一切费用和风险”。由于国际贸易中各国对所谓“装船”的概念不统一，因此对风险的划分和装船费用的划分就有不同的界限。如：

（1）卖方在装运港将货物从岸上起吊，越过船舷就认为已装船，则买卖双方所负担的风险和费用就以船舷为界。以“船舷为界”表明货物在装上船之前的风险，包括装船时货物跌落码头或海中所造成的损失，均由卖方承担。货物装船以后，包括在运输过程中所发生的损坏或丢失，则由买方承担。“船舷为界”是国际商会的规定，由于它界限分明，便于解释，所以它为世界上大多数国家所接受。

（2）卖方将货物装到船的甲板上才算装船，风险以甲板为界。美国、加拿大等美洲国家是这样规定。我们和这些国家做交易时，就应特别在合同中说明白关于风险的界限问题。

除了以上两种界限划分标准外，个别国家还有一些自己的规定，如：科威特规定将货物装入船舱内才算装船，巴基斯坦、黎巴嫩等国规定将货物运至供货装船用的吊钩所及之处就算装船。我们在与他们进行农产品国际贸易时一定要在合同中把这些规定写清楚。

（二）有关费用的负担问题

如果采用班轮运输，船方负责装卸，装卸费用及平舱理舱费都计入班轮运费中，这样在FOB合同下，自然由负责租舱定舱的买方来承担。但如果采用租船运输，根据国际航运惯例，船方一般不负担装卸费用，这就必须在合同中明确装船过程中的各项费用应由谁负担。

为了更加明确买卖双方的责任及有关费用的负担问题，买卖双方在签订合同时，往往在FOB术语后加列各种附加条件，这就形成了FOB的几种变形：

（1）FOB liner Terrms（班轮条件）。指装货费按照班轮的条件办理，即装货、卸货费用都包括在班轮运费之内，卖方不予负担。

（2）FOB under Tackle（吊钩下交货）。指卖方仅将货物交到船舶吊钩所及之处，其他吊货入舱等费用买方承担，卖方不予负担。

（3）FOBS（FOB Stowed）FOB包括理舱费。指卖方负责将货物装入船舱并承担理舱费。

（4）FOBT（FOB Trimmed）FOB包括平舱费。卖方负责将货物装入船舱并承担包括平舱费在内的装船费用，以及装入船舱内的散装货物进行平整所需的费用。

二、成本加运费——CFR

CFR是Cost and Freight的缩写，中译名为成本加运费，术语后跟指定目的港名称。在进口业务中，如果是按CFR价格成交，鉴于由外商安排装运，由我方负责保险，故应选择资信好的国外客户成交，并对船舶提出适当要求，以防外商与船方勾结，出具假提单，租用不适宜航行的船舶，或伪造品质证书与产地证明。若出现这类事件，会使我方蒙受损失。

如大米、小麦这样的大宗农产品按CFR贸易术语成交，容易在卸货费用上引起争议。原因是，大宗商品通常是使用租船运输，而在不少场合，船方按不负担装卸费条件出租船，因此卸货费由谁负担，双方应在合同中注明。双方在签订合同时，可在 CFR 术语后附加下列有关卸货费用由谁负担的具体条件：

1. CFR 班轮条件（CFR liner Terms）指卸货费用按班轮办法处理，即买方不承担卸货费。

2. CFR 卸到岸上（CFR Landed）指出卖方负责卸货费，其中包括驳运费在内。

3. CFR 吊钩不交货（CFR EX Takle）指卖方负责将货物从船舶吊起卸到船舶吊钩所及之处（码头上或驳船上）的费用。在船舶不能靠岸的情况下，租用驳船的费用和货物从驳船卸到岸上的费用，则由买方负担。

4. CFR 舱底交货（CFR EX Ship Hold）指货物运到目的港后，由买方自行启舱，负担货物由舱底卸到码头的费用。

三、成本加保险费加运费——CIF

CIF 是指卖方负责租船订舱，根据合同规定将货物由约定的装运港运至目的港并办理保险手续并负担运费和保险费。双方风险的划分同 FOB、CFR 一样，即以装运港船舷为界。CIF 这一贸易术语使用历史悠久，也是当代国际贸易中应用最为普遍的一种。

根据国际惯例的一般解释，在 CIF 术语中，卖方的基本责任是：负责租船或订舱，按合同规定的期限和装运港将货物装上船并支付至目的港的运费；负担货物装船前的一切风险和费用；负责办理保险并支付保险费，负责办理出口手续，提供出口国政府或有关方面签发的证件；负责提供合同规定的全部货运单据等。买方的基本责任是：负责货物装上船以后的一切费用和风险；接受由卖方提供的有关货运单据，并按合同规定支付货款；办理在目的港的进口手续和提取货物。

FOB、CFR、CIF 三种传统的贸易术语，都仅适用于海洋货物运输及相接内河运输。

四、货交承运人——FCA

FCA 是指卖方在指定地点将货物交给买方指定的承运人监管，并办理了出口清关手续，即履行了他的交货义务，后跟指定地点。如买方未指明确切地点，卖方可在规定的交货地或范围内选择交货地点，将货物交由承运人照管。这里所说的承运人，既包括实际履行运输合同的承运人，也包括签订运输合同的运输代理人。如买方指定卖方将货物交给一个直接承担运输作业的运输商，当货物已被交由该人监管时，应认为卖方已履行其交货义务，在此以后的一切费用和风险即由卖方转移到买方。

按国际贸易惯例，如果买方有要求、或买方没有及时提出相反意见，卖方也可协助买方与承运人订立运输合同。虽然卖方可以给予买方这种必要的协助，但其风险和费用仍应由买方承担。

FCA 贸易术语的适用范围很广，它可以适用于各种运输方式，其中包括铁路运输、公路运输、内河运输、海上运输、航空运输等。

五、运费支付——CPT

CPT 贸易术语是指卖方应支付货物运至指定目的地的运输费用，术语后跟指定目的地名称。这种术语也适用于各种运输方式。

按此术语成交，卖方应订立运输合同和支付正常的运费，承担货物交第一承运人接管前的一切费用和风险，办理出口清关手续，并提供约定的各项单证；买方则应承担货物在运输途中的丢失或损坏的风险以及从货物交由第一承运人接管时起所产生的一切额外费用，在目的地接受合同所规定的全部单证、支付货款、提取货物。

采用 CPT 贸易术语时，双方风险的划分，仍以货交承运人为界，货物自交货地点运至目的地运输途中的风险由买方承担，卖方只承担货物交给承运人控制之前的风险。需注意的是，在多式联运情况下，涉及两个以上的承运人，卖方承担的风险自货物交给第一承运人控制时即转移给买方。

六、运费、保险费付至——CIP

CIP 是指卖方除具有与 CPT 术语相同的义务外，还应为买方办理货运保险、支付保险费；买方在合同规定的地点受领货物，支付货款，并且负担除运费、保险费以外的货物自交货地点直至指定目的地为止的各项费用以及进口税。术语后跟指定目的地名称。

按 CIP 术语成交，卖方的交货地点、风险划分界限都与 CPT 相同，差别是 CIP 的货物价格构成因素中包括保险费，故卖方必须签订保险合同，并支付保险费。

CIP 术语与 CIF 术语有相同之处，它们的价格构成中都包括了运费和保险费。因此，按这两种价格术语成交，卖方都要负责安排运输和保险并支付有关运费和保险费。CIP 术语与 CIF 术语也有明显的区别：主要是适用的运输方式的范围不同，CIP 适用于各种运输方式，CIF 仅适用于水上运输方式。采用不同运输方式时，其交货地点、风险划分界限以及有关责任和费用的划分自然也不相同。例如：CIP 条件下，卖方要办货运保险，支付保险费。如果是采用多式联运方式，货运保险要包括各种运输险，而 CIF 术语仅办理水上运输险即可。

第三章 国际贸易前的准备工作

◆本章导读

本章主要介绍农民朋友在国际贸易前应做的准备。在进行农产品贸易前，首先要生产出适销对路的农产品，从宏观上来说，就是发展外向型农业。在生产出产品之后，农民朋友还需要找到合适的进出口企业，把产品销往国际市场。

"好的开始等于成功的一半。"做好贸易前的准备是十分重要的。如果没有适销对路的农产品，营销手段再好也无法打开国际市场；如果贸易代理企业的资质不够，对于外贸业务不熟练，很可能因为不重要的细节而给农民朋友和自身带来巨大的损失。因此，农民朋友在进行农产品国际贸易之前，必须做好这两个方面的工作。

第一节 发展外向型农业

外向型农业就是人们通常所说的以农产品出口创汇为目的的农业，农业的外向度是指当年农产品出口创汇额占全年农业总产值的比重。外向型农业是经济和科技发展的产物，是适应农业发展进入新阶段和全球经济发展的必然趋势，大力发展外向型农业适应形势发展的新要求，是提高农民朋友收入水平的一个重要途径。

发展外向型农业，农民朋友应从以下方面入手：

一、强化市场观念，培养适应市场的能力

在农村中流行这样一句话，“多种不一定增收，多种两亩不如会卖一亩。”加入 WTO 后，农民朋友就和国际市场紧紧联系在一起了。在各国，农民朋友都参与其中的农业利益再分配的格局中，没有市场理念的农民朋友是很容易吃亏的。因此，广大农民朋友一定要重视市场信息，强化市场观念，培养起应对国际、国内市场变化的能力。

二、了解国际市场信息，掌握必要的国际贸易知识

了解国际市场供需信息是农民朋友参与国际贸易的必要条件。要根据市场形势，熟悉 WTO 及其他国际贸易规则，在开拓市场的过程中按照这些规则行事，并以此应对各种可能的风险。要根据我国实际情况，采取“培养一批，引进一批”的办法，解决外向型农业人才缺乏的问题。

除此之外，农民朋友还应了解必要的国际贸易知识，掌握有效的规避国际贸易风险的手段。以期货市场为例，大宗农产品贸易可以通过期货市场来规避风险。农民朋友可以通过在期货市场上进行套期保值来规避现货交易中价格波动，减少贸易风险。如黑龙江省 2003 年产大豆 970 万吨，其中商品粮 600 多万吨，如果当年商品大豆都能在期货市场提前卖出，以每斤多增收 0.2 元计，该省豆农则可多增加收入 20 多亿元以上。

三、提高农产品质量，增强出口农产品的国际竞争力

目前我国出口农产品的疫病、农兽药残留和环境污染等质量卫生安全问题仍十分严重，在很大程度上限制了水产品、畜产品、水果和蔬菜等出口优势的发挥；出口农产品以初级产品为主，加工程

度不高、附加值低，依赖低价竞争，缺乏核心竞争力。因此农民朋友应该注重提高农产品质量，增强农产品的国际竞争力。首先，以先进的技术为支撑，提高生物农药的使用比例，增加有机产品的比重，按照标准规范生产农产品。其次，要开发和推广具有高品质、高价值的农产品，提高出口产品质量，优化农产品贸易结构，保证我国农产品出口持续稳定发展。第三，要加强农产品质量监督和管理。尤其要加强对农产品中有毒有害物质的监测，确保农产品消费安全。

四、建立农产品出口行业协会，协调和促进农产品出口

协会的主要职能有两项：一是市场调查和信息反馈。市场调查的内容包括我国农产品的品牌形象、外国消费者的消费需求、市场占有率、对我国生产者的影响及其反应（先说国内的，再说国外的），以及外国对限制农产品进口的立法、市场上同类产品的竞争状况等。根据市场调查所收集到的信息，及时进行分析和传递，为出口企业提出开展和改进出口活动的对策和可行性方案。二是加强与国外相关行业协会和非政府组织的联系，通过对话交流、业务合作等方式建立起良好的互信关系。一旦我国产品遭受国外反倾销指控，行业协会就可利用互信关系游说对方，争取进口国代理经销商、用户和消费者组织的支持，利用经济利益的分歧，瓦解起诉国内部的反倾销阵线，尽量避免反倾销，或把反倾销带来的损失减少到最低程度，保护出口企业的利益。

第二节　寻找合适的贸易代理企业

在进行调研之后，农民朋友基本了解了国际市场形势，并根据当地资源优势生产出有特色的农产品，而后就要进入一个关键的环

节——找到一家或几家合适的贸易企业，把农产品出口到有需求的国外市场。

一、对外贸易代理制和贸易代理企业简介

关于国际贸易的方式，国家有明确的规定。1988 年国务院批转了外经贸部外贸体制改革方案，明确指出在全国范围内推行代理出口制度。1990 年国务院在《关于进一步改革和完善对外贸易体制若干问题的决定》中继续强调推行代理制。1991 年 4 月外经贸部制定了《对外贸易代理制的暂行规定》，对我国的外贸代理制进行了规范。依照暂行规定的要求，我国对外贸易代理有两种类型：一种是有对外贸易经营权的企业，它们可以相互代理。也就是说，它们既可以以被代理人的名义对外签订合同，又可以以代理人的名义对外签订合同。另一种是无对外贸易经营权的企业，它们必须委托有对外贸易经营权的企业以受托人（代理人）的名义对外签订合同，办理进出口业务。由此可见，农民朋友要想进行农产品的国际贸易，必须寻找合适的贸易代理企业作为“跳板”。

贸易代理企业分为进口代理企业和出口代理企业两种，也有的代理企业从事进出口两种业务的代理。在这里，我们仅对与农民朋友关系比较密切的出口代理企业做简单介绍。出口代理企业是接受委托代理出口业务的中间商，它不以自己的名义向国外购买者出售商品，而只是接受国内出售者的委托，以出售者的名义，在双方的协议所规定的条件下，代理出售者开展出口业务。它们不拥有商品的所有权，只是在商品出售以后向委托人收取一定的佣金。

农民朋友利用出口代理企业进行农产品国际贸易不仅是国家政策的需要，而且还可以从中得到很多好处：第一，出口代理企业可随时向农民朋友提供国际市场的供求信息；第二，由于同时代理多种产品，出口代理企业在远洋运输和海外市场代理方面可以实现规

模经济，降低贸易成本；第三，农民朋友利用出口代理企业可节省自己销售的时间和费用；第四，出口代理企业也可以使农民朋友对国外的购买者享有较大的控制权。从理论和实践两个方面来讲，利用出口代理企业是农民朋友进入国际市场的一种理想的方式。

二、寻找贸易代理企业的方法

一般来说，出口农产品都需要一定的规模。而农民朋友大都分散经营，难以成为农产品出口的主体。而且，小规模的经营也给农民朋友寻找贸易代理企业带来一定的困难。因此，农民朋友必须联合起来，有组织、有计划地寻找合适的贸易代理企业。一般来说，农民朋友可以通过以下形式与贸易代理企业合作：

（一）通过政府牵头来寻找贸易代理企业

对于农民组织化程度不高的地区，需要当地政府出面来联系资质较好的农产品贸易企业。相对于农户，政府有能力鉴别和选择合适的贸易企业；而且当地政府肩负着发展地方经济、提高农民朋友收入水平的重任，也有义务帮助农民朋友解决农产品的销路问题。目前，各省（市）政府部门尚没有专门的农业贸易促进机构，贸促工作由当地农业厅的外经处或外经中心负责。在帮助农民朋友开拓国外市场、进行产品推介方面已经迈出可喜的一步。

（二）通过专业合作经济组织来寻找贸易代理企业

在专业合作经济组织比较发达的地方，农民朋友可以通过他们找到合适的贸易代理企业。目前，我国有2.4亿多个农村家庭，有1.24亿公顷耕地，平均每个家庭的经营规模只有0.5公顷左右。在市场经济条件下，这样小的家庭经营规模会给农民朋友带来获取信息困难、经营成本高、抵抗风险能力差和讨价还价能力低等问题。专业合作经济组织是在家庭承包经营的基础上，为了解决上述问题，由农民朋友自愿组织起的合作性质的组织。它主要通过统一销售农产品、统一购买生产资料和从事农产品的加工等方式为成员服务。专业合作经济组织完全是农民朋友自己的组织，它可以代表所有的成员与贸易代理企业打交道。这样，一方面可以扩大农产品销售规模，引起贸易代理企业的重视；另一方面可以提高农民朋友讨价还价的能力，降低贸易的成本。此外，有的专业合作经济组织具有出口经营权，农民朋友直接通过它就可以实现农产品的出口。

（三）通过农产品出口企业建立基地的方式实现出口

除了上述两种办法之外，农民朋友可以参加农产品出口企业建立的生产基地。通过这种办法来实现农产品出口，可以提高质量并降低成本。这一点也比较符合政府的政策和发展方向。2004 年，国家有关部门联合下发《关于扩大农产品出口的指导性意见》，指出要进一步推广“公司＋基地”的农产品出口经营模式，支持农产品出口企业建立自己的种植和养殖基地。举例说明，黑龙江密山东安经贸公司引进 5000 亩优质水稻品种，并免费发放给当地的农民朋友。通过签订收购协议，公司以每公斤高于市场价 0.1 元的价格进行收购，然后用于出口。2005 年，与其签订协议的农民朋友平均每亩增收60～70 元。而 2006 年公司又与农民朋友签订了 5 万亩订单协议。这种方式实现了农民朋友与出口企业的“双赢”。

三、寻找贸易代理企业应该注意的问题

农民朋友在寻找贸易代理企业时还需要注意一些问题。首先，要多方联系拥有对外贸易经营权的外贸公司或者大型的生产企业。最好是选择距离较近的企业，这样在处理各方面的事情时沟通会比较方便。其次，在联系的多家代理企业中，选择最专业、最可靠、信誉良好，而且价格又较低的二三家企业作为备选。再次，对被选出的这二三家出口代理企业进行多方了解和考察。可以通过参观该代理公司来完成，也可以从该公司的其他被代理客户那里获取信息。

最后，根据了解到这二三家代理企业的资信状况、资产负债情况以及信誉等方面内容确定其中最好的一家作为最终的选择。

第三节 签订贸易代理协议

贸易代理企业接受委托后，要进行必要的考察。然后，生产者向代理企业提供最低出口价格，由代理企业核算并确定产品的出口成本。在各项内容确定完毕之后，代理双方签订贸易代理协议，也就是用法律形式明确双方之间的义务和权利。一份完整的贸易代理协议应包含以下内容：

一、委托人义务

（1）如实提供与订立协议有关的主要事实和情况。

（2）对本协议以及代理人根据本协议与国外买方签订的外销合同的条款进行充分的了解，对各方的权利义务、各方免除或者限制各自责任的条款有充分的注意。

二、代理人义务

（1）如实提供与订立协议有关的主要事实和情况。

（2）采取合理的方式提请委托人注意免除或限制其责任的条款，并按委托人的要求，对该条款予以说明。

（3）对外成交后，及时将外销合同副本送交委托人。

（4）办理出口所需的商检，报关，对外运输，并对外议付。

（5）根据外销合同收到外商的付款后，在七个工作日内按照付款当日银行公布的外汇买入价，将外汇折算成人民币支付给委托人。

三、外销合同

(1) 接受代理人所采用的商品外销标准正本合同的固定条款。承认代理人代表委托人承担这些合同条款对“卖方”权利和义务的规定。

(2) 收到代理人交来的外销合同副本后，立即进行核对。如发现与其原要求有不符点，在收到合同后 三个工作日内以传真或电报通知代理人。否则，视为委托人已接受该外销合同，承担该外销合同的权利和义务。

四、出口货物

(1) 委托人提供的货物应符合本协议规定的数量、质量和规格，并须按照协议规定的方式进行包装。

(2) 提供货物的品质证明文件。

五、费用

(1) 委托人承担代理人因代理出口产生的运输费、商检费、港口运杂费、仓储费、报关费、保险费及银行手续费等有关费用。

(2) 根据实际出口货物的数量计算总货款，并根据此总货款向代理人支付____%的代理费。

(3) 上述的费用及代理费需在代理协议签订后____日内交付。

六、违约责任

(一) 委托人必须严格执行本协议

若由于委托人原因未能在港口当局规定期限内办理报关、纳税、商检、发运等有关手续 ，由此引起的一切后果由委托人自行负责。因委托人违约给代理人造成损失的，需向代理人给付总货款 ____%

的违约金。若违约金不足补偿代理人的损失，委托人还需向代理人补足不足部分的损失。

（二）代理人必须严格执行本协议

因外商原因导致外销合同延迟履行、不完全履行或不能履行时，使代理人不能履行本代理协议的，代理人不承担责任。但在委托人书面提出要求并提供费用及协助下，代理人有义务向外商交涉索赔。

七、争议解决

若产生争议，双方需友好协商。若协商不成，任何一方可向仲裁委员会申请仲裁。

八、协议效力

本协议一式两份，具有同等的法律效力。自协议双方签字和（或）盖章之日起生效。

第四章　贸易企业在国际贸易前的准备工作

◆本章导读

农民朋友签订贸易代理协议之后，国际贸易的剩余工作就由贸易代理企业来完成。同农民朋友一样，在进行国际贸易之前，贸易代理企业也应该做好一系列的准备工作，它们是进行国际贸易的基础。做好这些工作有利于规避国际贸易风险、规范贸易管理程序以及提高工作效率。本章主要对贸易代理企业在国际贸易之前应做的准备工作进行了简单介绍。

进行农产品国际贸易，首先要进行市场调研，调研的范围包括经济、政治、文化等多方面的信息。其中最重要的是要全面、多渠道地了解客户信息。只有做好市场调研，才能减少或者避免贸易中的各种风险；做好市场调研之后，还要制订出合理的贸易计划。一份条理清晰的贸易计划，可以合理配置企业资源，提高工作效率；而后，企业要进行经济效益核算。贸易的目的是为了盈利，准确地核算贸易成本及效益是进行国际贸易的基础；本章最后用大蒜出口企业的案例来说明国际贸易前准备工作的重要性。

第一节　国际市场调研

国际市场调研是进行农产品贸易活动的基础。很难想象，不对国际市场进行调查研究的企业，就能够成功地开拓国际市场。国际市场调研就是系统地收集、记录和分析资料，以便提供对市场经营决策有用的信息。国际市场调研所使用的工具和方法与国内市场基本一致，但它面临的是不同国家、不同市场、不同竞争对手的错综复杂的国际营销环境，只有将国内市场调研的方法，创造性地应用于全新的国际环境中，才能成功地制订出合理的贸易计划。

国际市场调研的范围比国内市场要宽得多，它需要收集企业进行国际贸易、进入国际市场所需要的全部信息。国际市场调研的信息资料内容一般说来可以包括以下几方面：

一、经济发展信息

这是企业进行进出口贸易的重要依据。包括经济环境特征、经济增长速度、通货膨胀率、工商业周期趋势等一般信息。同时，还包括与之相关的价格、税收、外贸等方面政策的资料。了解国家颁布的各种商业法规和经济法规，搜集当前价格政策、金融政策、税收政策、利率政策、货币政策和经济体制、流通体制变化的资料等。

二、政治法律环境

在现代国际贸易中，各国政府对本国的进出口贸易实行不同程度的贸易保护，也就是用政治法律手段制定经济政策和法规，对本国的进出口贸易进行干预，限制外国商品进口，鼓励本国商品出口，维护国内市场的经济秩序。开展国际贸易之前，必须了解国内外的政治法律环境，最大限度地降低来自这方面的风险。政治法律环境的主要内容有限制进口的措施、鼓励本国商品出口的措施、限制本国商品出口的措施、各国的法律和法规、有关贸易的国际惯例等。

三、社会文化环境

在国际贸易中，决不能忽视社会文化环境对进出口贸易带来的影响。尤其是要注意出口产品的设计，包括商标、包装上的颜色和图案文字，出口产品的广告及其他促销方式的应用等都要适应进口国或地区的社会文化环境。包括社会意识、价值观、风俗习惯、语言文字、教育水平、宗教信仰、社会阶层、相关群体等。

四、市场条件信息

企业必须了解市场商品的供求情况，以此来调整本企业的国际市场营销战略与计划。市场条件信息包括有关国家市场结构、市场容量、交通运输条件等。同时，还包括对本部门产品的获利能力分析、主要进出口国的需求总量、某商品的进出口量在其国内消费或生产的比重、该国对国际市场的依赖程度、进出口国在今后一段时间内的动向等。

五、竞争的信息

随着市场竞争的日益激烈，了解同行对手的情报资料也是一项十分重要的工作。这里所说的竞争者包括国内的、当地的以及第三国的竞争者。情况各有不同，内容较为复杂。调查了解的信息一般包括：市场竞争结构和垄断程度；主要竞争对手企业的占有率；主要企业在商品成交方面的优劣势；在市场占主要地位的外贸企业在关税、运输费用等方面享有的优惠情况；当地供货商利用政治影响提高关税壁垒和非关税壁垒的可能性；在市场占主导地位的竞争者对销售渠道控制的程度和方法；竞争企业售前和售后服务的情况和设施以及竞争对手对外国跨国公司的依赖程度等。

六、国外客户信息

对国外客户的调研，要了解其资信状况，以达到“知彼”的目的。这一方面有利于把贸易风险降至最低，使进出口贸易合同建立在可靠的基础上，减少或避免损失；另一方面可以更好地选择优良客户，调动积极因素，而且可以促进成交，扩大贸易往来。

国外客户信息主要包括以下方面：

（1）公司概要。包括名称、地址、电话、传真、成立日期、公司性质、公司隶属关系、业务范围、注册资本、实投资本等。其中要特别注意公司注册资料或商业登记资料，以确定对象的真实身份；注意注册资本和实投资本，以估计该公司的规模大小。

（2）公司的背景。这方面包括公司历史、公司组织形式、股东和管理人员的情况、产权和业务范围的变化、公司名称的变化等。

（3）经济能力。指经营范围和品种、业务能力、业务性质、销售渠道及企业的发展情况等。

（4）付款记录。公司在以往贸易中的付款方式及所得到的最高信用额与信用期，可以反映其付款及资金流动情况。

目前，商务部已经组织人员编写了《中国农产品出口指南》，主要内容涵盖了出口目的国的经济概况、农产品贸易数据、商品情况、进口政策、检验检疫标准、扩大出口的建议，以及食品展会信息和重要机构通讯录等，为农民朋友了解国际市场以及农产品出口企业进行国际贸易提供了一些基本的信息。

第二节　制定国际贸易计划

一、出口计划

出口计划是在广泛调查研究的基础上，根据公司的经营政策和经营意图，结合自己以往经营的经验和国际市场趋势，在对外交易洽商之前，制定的在一定时期内出口推销的设想、做法和全面安排。

编制出口计划的目的在于加强业务领导，使出口业务的各个环节可以更好的协调配合，改善经营管理。

出口计划的内容有：

1. 国外市场情况

包括国外市场环境的特点，如市场大小、对产品的要求、市场销售和市场竞争状况、国外进口规定、今后一段时期内的发展趋势等。

2. 出口经营情况

包括以前有无这类产品的出口经验、出口的具体品种和数量、出口地理方向等。

3. 国内货源情况

如生产能力、技术水平、交货周期等。

4. 销售安排

如市场安排、客户选用、广告宣传、贸易方式、价格和支付条件的掌握。

5. 成本和经济效益核算

二、进口计划

进口计划的主要内容包括品名、数量、时间和国别的安排、交易对象的选定、价格和佣金幅度的掌握等。

总的要求是：在符合国家方针、政策的前提下，既要力争比较优惠的价格，又要不影响国内的需要；既要做到“货比三家”，又要不失时机的进口。

第三节　国际贸易经济效益核算

国际贸易的经济效益是国际贸易活动的根本目的，它是指在国际贸易活动中的各种耗费和获得的经济成果之比。

一、经济效益分析指标

1. 出口经济效益分析指标

出口经济效益分析就是出口销售收入和出口成本进行比较。要注意在某一笔出口业务中，国际运输费和货物的国际运输保险费是由出口方支付的，按照业务习惯，出口成本中不计入这两种费用。这种出口成本称为出口净成本。在出口销售收入中，也应把这两部分费用减去。不包含这两种费用的出口销售收入称为出口销售净收入。

主要指标有：

（1）出口换汇成本。出口换汇成本＝出口净成本（人民币）/出口销售净收入（美元）

（2）出口盈亏率。出口盈亏率＝（出口销售收入－出口净成本）/出口净成本×100％

本公式中货币单位均为人民币。

2. 进口经济效益分析指标

进口经济效益分析就是进口商品国内销售收入和进口成本的比较。在进口业务中，国际运输费和货物国际运输保险费总是由进口方支付的，或是在进口商品价格中支付，或是与进口商品价格分开支付，但都要计入进口成本中。

主要指标有：

（1）进口商品盈亏率。进口商品盈亏率＝（国内销售收入－进口成本）/进口成本×100％

本公式中货币单位均为人民币。

（2）进口每1美元赔赚额。进口每1美元赔赚额＝（国内销售收入－进口成本/商品进口价格（本公式中商品进口价格为美元）

二、影响国际贸易经济效益的因素

影响国际贸易经济效益的因素主要有以下几个方面：

1. 价格

国际贸易价格从两个方面影响经济效益：一是购进价格；二是销售价格。这两种价格的差异决定了经济效益的好坏。但是这两种价格分别属于国内外不同的两个市场，市场特征有很大的差异。我们应把握这两种不同市场价格的变化规律，努力扩大销售价格和购进价格之间的差距。

2. 汇率

汇率变化影响对外贸易的成本，也影响销售收入的高低，因此必然会影响对外贸易的经济效益。

3. 税收

从我国的出口来看，商品流通中增值税的征收和商品出口后增值税退还给出口企业，征税额和退税额之间的差异直接影响出口成本的高低。同样的，也会影响进口成本的高低。因此要充分注意国家税收政策的变化。

4. 商品流通费用

各种流通费用中，银行利息及运输费用对国际贸易成本的影响较大。

5. 经营管理

在国际贸易整个过程中各方面的经营管理，如制定计划、组织货源、仓储运输、财务核算以及控制调节等，都是制定外贸企业卓有成效地开展进出口经营活动的重要手段。

第四节 案例分析

一、情况介绍

2004年春交会，山东S&M公司业务员张某认识了印度PIPL公司总经理KARMER先生，双方谈的十分投机，签署了大蒜合作协议书。新货大蒜面市后，双方一致保持密切联系。其间，S&M公司根据KARMER名片上的资料，登陆PIPL公司网页，确信该公司是印度进口大蒜的主营公司之一，张某也很庆幸自己认识了一个重要的客户。6月15日，S&M公司和PIPL公司签订出口大蒜300吨，金额96000美元，付款方式为D/P60天的合同。7月5日S&M公司一次性完成出口，并于8日通过我国Z银行把全套单据寄给印度P银行。8月15日张某收到一封航空信件，KAMER先生说他的公司面临破产，无法接货，他的一个朋友愿意接手，价格需要降70%，并要求立即回复。S&M公司十分震惊，赶紧联系KARMER，发现办公室电话不通，手机停机，只有传真可用。公司通过其他公司的印度客户了解到，PIPL公司是个只有三个雇员的私人公司，KARMER本人从前没有经营过大蒜，至此真相大白。S&M公司慌忙计划将大蒜转口斯里兰卡，要求银行退回单据，并指示货代着手办理转口事宜。S&M公司发送传真给KARMER，希望得到理解和配合。KARMER很快回复，生硬地拒绝了，并警告没有他们的签字，退回根本不可能，而且大蒜可能会被拍卖。S&M公司被迫屈服，降价70%，遭受了巨大损失。

二、案例分析

加强进口商资信调查是避免发生国际贸易风险的主要措施，尤其以 D/P、D/A 成交的，需要进行严格的资信调查和评审。本案中 S&M 公司对 PIPL 公司没有进行深入地资信调查，就轻率采用对出口方有极大风险的付款方式 D/P，给对方造成可乘之机。根本原因在于 S&M 公司没有构建有效的进口商信用管理体系，害怕失去来之不易的客户，急于成交，又迷惑于骗子天花乱坠的交易许诺。

不可否认，当今的国际贸易竞争激烈，往往是一家买家，多家出口企业在争在抢，大多数采取低价成交、大量发货、扩大市场的办法来维持企业的运转。但越是在这种情况下，就越不可忽视调查进口商的资信。本案例中的大蒜出口企业就是一个教训。

资信调查要采用正确的方法，对新客户尽可能地搜集信息，尽快建立信用档案，切勿听信客户的一面之词。要通过银行、商会、其他外商、驻外机构等多渠道多层次收集信息，综合考虑各种因素，分析整理，相互印证。如果只停留在表面，往往不能得出正确的结论。

由此可见，正确地进行国际市场调研，及时搜集客户信息，做好国际贸易前的准备工作，对农产品国际贸易是至关重要的一个环节。

第五章 交易磋商的基本程序

◆本章导读

本章主要介绍了贸易代理企业进行交易磋商的基本程序。交易磋商一般包括询盘、发盘、还盘和接受这四个程序。每个程序都有具体的规定，有的规定是国际上公认的，有的规定在不同国家的内容和含义各不相同，需要认真区分。

了解交易磋商的基本程序，可以帮助农民朋友明白贸易代理企业在交易磋商中如何有效维护我方利益，如何按照程序规范地进行商品、价格等方面的协商，促进交易磋商的顺利展开。

交易磋商，是指买卖双方为购销某项货物或劳务就各项交易条件进行洽商，最后达成协议的过程。交易磋商是以成立合同为目的的，一旦双方对各项交易条件协商一致，商务合同即告成立，交易各方都要受合同的约束。

交易磋商主要包括两个方面：一方面是交易磋商的程序。一般可概括为四个环节：询盘、发盘、还盘和接受。其中发盘和接受是必不可少的两个基本环节。另一方面是交易磋商的内容，也称为贸易条件。一般分为两部分：一部分是带有变动性的主要交易条件，如货物品质、规格、标准、数量、包装、价格、交货、支付等。这些交易条件，因货物、数量、时间等不同，每笔交易也不尽相同。

由于贸易条件是交易磋商的重要部分，内容较多，以后几章有详细的叙述。本章主要介绍交易磋商的基本程序。

第一节　询盘和发盘

一、询盘

询盘又称询价，是交易一方向另一方询问购买或出售某种商品或某几种商品交易条件的表示。询盘可通过口头或书面两种形式来表示。

询盘对于买卖双方均无法律上的约束力，而且不是每笔交易的必经步骤，有时可未经对方询盘而直接向对方发盘。但它往往是交易的起点，不应忽视。

二、发盘

发盘又称发价，是买方或卖方向对方提出一定的交易条件，并愿意按照这些条件达成交易、订立合同的一种表示。发出发盘的一方就是发盘人，收到发盘的一方则被称为受盘人。发盘既可由卖方提出，也可由买方提出。买方提出的，习惯上称为递盘。由卖方提出的，习惯上称为报盘。

（一）构成发盘的条件

一项有效的发盘应具备以下条件：

（1）发盘应向一个或一个以上特定的人提出，也就是说只向有名有姓的公司或个人提出。如果不是向特定的人提出的建议，仅应视为邀请发盘，比如向国外客户广为分发的商品目录、价格表及商业广告等。

（2）发盘内容必须十分确定。发盘内容的确定表现为发盘中的交易条件必须是完整的、明确的和无保留的。根据《公约》的规定，发盘至少应包括三个基本要素：一是标明商品的名称；二是明示或默示规定成交商品的数量或规定数量的方法；三是明示或默示规定商品的价格或规定设定价格的方法。

根据我国的实践，一项完整的发盘通常应包含的交易条件有：货物的品名、品质、数量、包装、价格、交货和支付等主要交易条件，当然，实际业务中，一项发盘往往不是以上述所有交易条件的完整形式出现的。有时发盘条件表面上不完整，而实际上是完整的。例如，双方一般事先订有“一般交易条件”的协议，援引来往函电和先前合同，以及买卖双方在先前业务已形成的习惯做法等。

（3）发盘中必须明确表示发盘人受其约束。发盘人应通过规定发盘有效期等方式，表明自己有责任在受盘人对发盘有效接受时与其订立合同。若受盘人对发盘中是否表示了这种含意不能肯定，则应向对方提出，不能随意猜测。

（4）发盘必须送达受盘人，发盘在送达受盘人时生效。发盘在未被送达受盘人之前，即使受盘人已由某一途径获悉该发盘，他也不能接受该发盘。

以上是构成有效发盘的四个条件，也是考查发盘是否具有法律效力的标准。若不能同时满足这四个条件，即使在发盘上注明“实盘”或类似字样，也不能使发盘具有法律约束力。

（二）对发盘有效期的规定

发盘都有一个有效期，只有在有效期内，受盘人对发盘的接受才有效，发盘人才承担按发盘条件与受盘人成交的责任。可见，对发盘有效期的规定是非常重要的，它直接关系到交易双方的权利、责任及风险。对发盘有效期的规定有以下几种情况：

1. 在发盘中明确规定有效期

在明确规定有效期时，常见的一种做法是在发盘中规定一个最后时限。这时发盘人既要在发盘中规定最后时限的具体日期，也要说明受盘人的接受是在这一日期前发出，还是在这一日期前送达发盘人，另外还要说明以何处的时间为准，如“本发盘限 3 月 2 日复到，以我方时间为准”。我国外贸企业对外发盘时，一般都采用这种方法规定发盘有效期，发盘在送达受盘人时生效，至规定的有效期满为止。

由于发盘人在有效期内不能任意撤销或修改发盘，因此应特别注意对有效期长度的规定。若有效期过长，发盘人要承担很大的价格变动的风险；若有效期过短，受盘人考虑时间过短，不利于成交。一般来说，规定发盘有效期时，要充分考虑商品的特点及采用的通讯方式。对成交量大、价格变动频繁的商品，有效期应定得比较短；反之，有效期可以稍长。另外，若交易双方以信函方式联系，由于要包括往返邮程，有效期也应规定得稍长。

2. 在发盘中对有效期不作明确规定

由于有效期不是有效发盘的必备条件，发盘可以不对有效期作明确规定。这时，按国际惯例，发盘在合理时间内接受有效。对“合理时间”，国际上并没有统一规定，一般要由商品的特点和行业习惯或习惯做法所决定。通常对于市场行情稳定的商品，有效期可以规定得较长；反之，则较短。

这种对有效期的规定方法极易使交易双方产生争议，因此在业务中应尽量不用或少用。

3. 若发盘采用的是口头表达方式，受盘人必须立即表示接受才有效。

（三）发盘的撤回与撤销

根据《公约》规定，一项发盘在送达受盘人时才生效，在此之前，它对发盘人没有约束力。若发盘人在发出发盘后发现发盘有误，或由于其他原因，则它可以在发盘生效前将其撤回，但撤回发盘的通知应在发盘送达受盘人之前或与发盘同时到达受盘人。

发盘的撤销与撤回不同，它是指发盘人在发盘生效后，通知受盘人取消发盘，解除自己在发盘项下所应承担的责任的行为。不同的国家对发盘能否撤销有不同的规定，《公约》则对此作了折衷。《公约》规定，若发盘人撤销发盘的通知于受盘人发出接受通知前送达受盘人，则发盘得以撤销；但若发盘中通过规定有效期或其他方式表明该发盘不可撤销，或受盘人有理由信赖该发盘是不可撤销的，并已本着对该发盘的信赖行事，则发盘不可撤销。

我国以《公约》为依据。认为发盘可以撤回与撤销。但为了维护我方发盘的严肃性与我国外贸企业的信誉，应尽量减少对发盘的撤销。

（四）发盘的失效

除被撤销外，发盘在以下情况下也告失效，发盘人不再受发盘的约束。

（1）过期。若受盘人未在发盘规定的有效期或合理时间内接受发盘，则该发盘自动失效。

（2）拒绝。发盘在发盘人收到受盘人的拒绝通知时生效。若受盘人在对发盘表示拒绝后又表示接受，即使原发盘有效期仍未届满，发盘人也将不受约束，除非他愿意对该项接受予以确认。另外，若受盘人在收到发盘后长时间不表态，也将被视为对该发盘的拒绝。特别应注意的是，在交易磋商中常见的还盘，实际上也是对原发盘的拒绝，会使原发盘失效。

（3）不可抗力。非当事人所能控制的意外事故可以使发盘失效，如政府突然颁布出口或进口禁令，致使发盘人在受盘人对该发盘表示有效接受时无法与其签约，发盘失效。

（4）若发盘人或受盘人在发盘被接受前丧失行为能力或死亡或破产，则该发盘失效。

第二节　还盘和接受

一、还盘

还盘又称还价，是受盘人对发盘条件不能完全同意而对原发盘提出相应的修改或变更的意见。还盘是对原发盘的拒绝，也是受盘人对原发盘人作出的一项新的发盘，只是内容比一般的发盘要简单，只涉及受盘人要求修改的部分。但要注意，还盘一般只限于各交易条件，而不纠缠枝节问题，但还盘中必须注明对方发盘的日期或文号。

还盘不是交易磋商的必经阶段。有时交易双方无需还盘即可成交，有时则要经过多次还盘才能对各项交易条件达成一致。还有时虽经反复还盘，但终因双方分歧巨大而不能成交。

二、接受

接受是交易的一方无条件地同意对方在发盘或还盘中所提出的交易条件，并以声明或行为表示愿按这些条件与对方成交、签订合同。一般情况下，发盘一经接受，合同即告成立，对买卖双方都产生了约束力。

（一）构成一项有效接受的条件

1. 接受必须由特定的受盘人作出

只有发盘中指定的受盘人才能对发盘表示接受。任何第三者对发盘的接受对发盘人都没有约束力，只能被视为它对原发盘人作出的一项新的发盘。

2. 接受必须表示出来

接受必须由特定的受盘人表示出来，缄默或不采取任何行动不能构成接受，一般来说，对口头发盘要立即作出口头接受，对书面形式的发盘也要以书面形式表示接受。在表示接受时，往往要重述发盘中的主要交易条件，以免出现差错。另外，若交易双方已形成某种习惯做法，受盘人也可以采取某些行动对发盘表示接受，如卖方直接按发盘条件发运货物，买方立即开来信用证等。但要注意，这种以行动表示接受的做法在我国不适用。

3. 接受必须在发盘的有效期内表示并送达发盘人

发盘中往往规定发盘的有效期，发盘人只在这个期限内承担按发盘条件与受盘人成交的责任。若接受通知未能在发盘有效期或合理时间送达发盘人，则该接受成为一项逾期接受，对发盘人没有约束力，只相当于受盘人对原发盘人作出的一项新的发盘。一项逾期接受是否有效应取决于发盘人。若发盘人认为逾期接受是可以接受的，并毫不延迟地以口头或书面形式通知受盘人，则逾期接受有效。

4. 接受的内容必须与发盘相一致

受盘人必须无条件地同意发盘的全部内容才能与发盘人成交，这也是接受的基本原则。若受盘人在对发盘表示同意的同时对发盘的内容进行了修改或提出了某些附加条件，只能认为他拒绝了原发盘并构成一项还盘。

然而在实际业务中，受盘人往往需要对发盘作某些添加、限制或修改。为促进成交，对发盘内容的修改分为实质性变更与非实质性变更。前者构成还盘，而后者除非由发盘人及时提出反对，不改变接受的效力。根据《公约》的规定，“有关货物价格、付款、货物质量和数量、交货地点和时间、一方当事人对另一方当事人的赔偿责任范围或解决争端等等的添加或不同条件，均视为在实质上变更发盘的条件”，除此之外对发盘内容的变更均属于非实质性变更。应注意的是，各国商人对实质性变更与非实质性变更的划分可能会有不同的理解，因此，只要对方对我方发盘的内容作了修改而我方又不能接受，就应立即表示反对，以免在以后造成争议。

最后，若发盘人在接受发盘时对发盘条件提出了某种希望或建议，一般认为这种希望或建议不构成对发盘内容的变更，接受仍然有效。但有时发盘人可以以此为借口，对受盘人的接受表示反对，使合同不能成立。

（二）接受的撤回

若撤回或修改通知先于接受，或与接受同时到达发盘人，受盘人就可以在接受生效前将其撤回或对其进行修改。但已经生效的接受是不得撤销和修改的。

在接受的撤回问题上，《公约》的规定同大陆法系国家的法律规定一致，但英美法系国家认为接受在发出时即生效，因此接受不能撤回。我们应注意到法律规定上的这种差别，以免在实际业务中因此而产生误解或争议。

（三）对综合盘和复合盘的接受

综合盘也被称为联合盘或一揽子发盘，它是将两个或两个以上的发盘搭配在一起，作为一个发盘对外发出。对综合盘，受盘人只有全部接受或全部拒绝，若接受其中的一部分而拒绝另一部分，就构成了受盘人还盘。

复合盘是发盘人向受盘人同时发出的两个或两个以上的各自独立的发盘，受盘人可以接受其中的一部分发盘而拒绝另一部分发盘。

总之，接受是交易磋商过程中不可缺少的一环。有效的接受使合同成立，并对交易双方都产生约束力。

第六章 交易磋商的基本内容——产品条件

◆本章导读

本章介绍了交易磋商的基本内容之一——产品条件。进行国际贸易时，首先要明确所交易产品的特性。在交易磋商和签订合同的过程中，对所交易农产品的名称、质量、包装等作出准确而又详细的规定，有利于农产品贸易的顺利进行和发生纠纷时问题的解决。

产品条件主要包括三个方面内容：一是产品名称的要求。该节对如何设定合适的品名和如何设定合同条款两个方面做了介绍；二是产品品质的要求。该节介绍了表明农产品品质的方法以及确定合同品质条款时应注意的问题；三是产品包装的要求。该节重点介绍了运输包装、销售包装、中性包装，以及如何设定合同中的包装条款。

在国际贸易谈判和签订合同的过程中，买卖双方首先要明确所要交易的产品。进行农产品贸易必须以产品的品名、品质、数量和包装等方面满足一系列的要求为前提。

第一节 产品名称的要求

农产品的品名也称为农产品的名称，是被买卖农产品的具体称谓，在国际贸易中表明买卖双方交易的是何种物品。

一、如何取一个合适的品名

品名的选用要遵循容易使双方明白并接受的原则。对国际市场已有的商品，应采取惯用的品名，而不宜别出心裁去发明一个。例如，腰果又叫鸡腰果，黄羊亦称蒙古羚，菠萝也叫凤梨。在众多不一致的名称面前，签订合同时就得考虑选用国际上用得较多而又明确易懂的名称作为品名，如果在《国际商品分类表》中已有正式名称的，就应当按照该表的统一叫法办理。这样做不仅符合国际惯例，而且为采用电子数据交换准备了条件。对打算出口的新产品，取名应该考虑对方的理解力以及风俗习惯，要符合“简单明了、富于创意、充满联想、讲究个性、高瞻远瞩”的要求。取名的方法有很多，主要有以下几种：

（1）以商品的主要用途取名，如旅游鞋、运动服、洗衣机等。

（2）以商品的主要原材料取名，如羊毛衫、皮鞋、玻璃杯等。

（3）以商品的主要成分取名，如人参蜂皇浆、巧克力奶糖。

（4）以商品的外观特点取名，如蝙蝠衫、高跟鞋等。

（5）以商品的制作工艺取名，如精制油、蒸馏水等。

总之，不论采用何种思路选择商品的名称，最重要的是品名要明确具体，不能有任何含糊笼统的表述。

二、如何在合同中设定品名条款

国际货物买卖合同中的品名条款没有统一划定的格式，如何安排，可根据合同双方的意见或参考交易商品的数量、买卖金额的大小等因素由当事人商定。

有的合同在开头的显要位置专门标明是“某某商品买卖合同”；有的是在合同主要条款的“商品名称”或“品名”栏里载明买卖双方同意交易的商品的名称；有的合同将“商品名称及规格”写成一

栏；有的甚至将“商品名称、规格及包装”合在一个栏里；还有的只是在合同的序言部分用简要的文句说明双方同意卖出买入某种商品。一项合同如果只涉及某一种商品的买卖，其产品名称栏里就只能写明该项商品的名称。

但在许多情况下，买卖双方在洽谈合同时，可能同时就两种或两种以上的商品达成交易，这时候只要双方同意，也可以将各有关产品的名称分列在同一栏里，并分别写明各自的数量、单价、总值等项。品名条款在合同中的位置顺序也没统一固定的格式，有的合同把商品的“品名、品质、规格”作为一项条款安排在合同主体部分的最前头，而将数量条款、包装条款、价格条款等等分列其后，但也有的合同将装运条款、支付条款、保险条款等安排在前面，而将“品名、品质、规格”条款放在其后。如何具体安排，买卖双方制作合同前应当互相商定。

三、确定品名条款时应注意的问题

(1) 商品品名的选用还需要考虑与运费的关系。现时国际上的班轮运输收费是按商品等级规定其标准的。同一个商品，如果名称不同，其收费率可能也不一样。选用一个合适的名称，就有可能节省运费，降低成本。

(2) 有些国家的海关税则和进出口限制的某些规定与进出口商品的名称有某种联系。选择恰当的品名，有时能降低关税，或者能方便商品的进口和出口。例如，美国进口 Chain（本来是自行车的链条），如果是用于或名义上用于闸门开关滚辘的，进口关税只有 5%；如果用作自行车的链条（Bicycle Chain），进口关税则高达 30%。所以，美国有些进口商就想法钻这个空子，明明要买 Bicycle Chain，但他不这样写，而只写 Chain，进口后，照样用于自行车，还能少交进口关税。

第二节　产品质量的要求

商品品质是商品的外观形态和内在质量的综合。商品的外观形态是人们的感官直接可以感觉到的外形特征，如商品的大小、长短、造型、结构、光泽、花色、款式等，商品的内在质量是指商品的物理性能、化学成分、生物特征、技术指标等，如纺织品的断裂强度、伸长率，肉禽类商品的各种菌类含量等。

进行国际贸易中的农产品种类繁多，品质各种各样。明确产品的品质，对于避免以后可能产生的关于品质的贸易纠纷，具有很重要的意义。在农产品国际贸易中，明确农产品品质的关键在于选用表示品质的方法。表示品质的方法根据商品特性和交易习惯可以分为以下几种：

一、用文字说明表示农产品品质的方法

文字说明表示方法也包括图样、照片等。用文字说明达成的交易称为“凭文字说明的交易”。在国际货物买卖中，大部分商品采用这种方法表示其品质，但根据商品的不同，又可细分为：

（一）凭规格、等级或标准交易

1. 规格

农产品的规格包括一些能反映农产品品质的主要技术指标，如化学成分、含量、纯度、大小、长短、粗细、容量、性能等。由于每种农产品都有其特点，规格的内容也各不相同。用规格确定商品的品质而进行的买卖，称为“凭规格买卖”，用它来表示商品品质，简明、方便、准确，所以在国际贸易中应用很广。

例 5－1　China Sesame seed

Moisture（max.）　8％

Admixture（max.） 2%

Oil Content（wet basis ethyl ether extract） 52%basis

中国芝麻

水分（最高） 8%

杂质（最高） 2%

含油量（湿态，乙醚浸出物） 52%基础

2. 等级

农产品等级是指同一类商品，按其品质的差异，分为不同的等级，如大、中、小，重、中、轻，一、二、三，甲、乙、丙，A、B、C 等用文字、数码、符号来表示商品的品质。例如，钨砂按其含三氧化钨、锡砷、硫等成分的不同，有特级、一级、二级之分；皮蛋按其重量、大小分为奎、排、特、顶、大五级。凭等级交易时，只要说明级别，便可了解产品的品质。

例 5－2 Grade AA fresh hen eggs，shell light brown and clean，even in size

AA 级鲜鸡蛋，蛋壳浅棕色，清洁，大小均匀

按照买卖双方所熟悉的惯例，各种等级鸡蛋的规格如下：

GradeAA	60～65g	per egg
GradeA	55～60g	per egg
GradeB	50～55g	per egg
GradeC	45～50g	per egg
GradeD	40～45g	per egg
GradeE	35～40g	per egg

AA 级	每只净重 60～65 克
A 级	每只净重 55～60 克
B 级	每只净重 50～55 克
C 级	每只净重 45～50 克

D级　　　每只净重40～45克

E级　　　每只净重35～40克

3. 标准

标准是指由政府机关或工商团体或标准化组织统一制定、公布并在一定范围内实施的规格或等级。各国都有自己的标准，如英国的BS、美国的ANSI、法国的NF、德国的DIN、日本的JIS等。另外，还有国际组织的标准，如国际标准化组织的ISO标准和国际物品编码协会制定的EAN条形码等。在合同中援引标准时，应注明采用标准的版本名称及年份。

对于某些品质容易变化的农副产品，买卖双方常用“良好平均品质”（简称FAQ）或“上好可销品质”（简称GMQ）来表示。

良好平均品质一是指以装船时在装船地同季节装运货物的平均品质为准。它一般是从各批出运的货物中抽样，然后混合、调配，取其中者作为良好平均品质的标准。二是指生产国在农副产品收获后，对产品进行广泛的抽样，从中制定出该年度的“良好平均品质”的标准。凡不够标准要求的，均按其差异程度决定其减价多少。两种抽样均可由买卖双方联合进行，也可以委托检验人员进行。为了在执行合同时不致发生争执，双方应在合同中订明是何年或何季度的F. A. Q.，或者同时规定具体的要求，如1992年新产巴西大豆良好平均品质或中国花生仁F. A. Q.，水分不超过13％，不完善粒最高5％，含油量最低44％。

上好可销品质是指卖方只要保证货物品质良好，适合销售即可，在成交时无须以其他方式证明商品的品质。但是，这种方法有些抽象笼统，在执行中容易引起争执，因此应尽量少用。

我国许多商品有国家规定的国家标准，或政府部门规定的部颁标准，如我国出口的生丝规定有6A、5A、4A、3A、2A、A、B、C、D、E、F、G等12个品级。在进出口业务中，我们应根据具体情况，并权衡利弊，采用国际上通行的标准或我国自己规定的标准。

（二）凭品牌或商标交易

在国际上行销已久，品质稳定，信誉良好，并为买方或消费者所熟悉的商品，可以凭品牌或商标进行交易。这类商品的品牌或商标，实际上已能代表一定的品质，如中华牌香烟、索尼牌录音带、欧米加牌手表等。

在国际贸易中常常利用品牌或商标来表示商品的品质，以简化对品质的描述。

例 5－3　White Rabbit Mint Creamy Candy

大白兔清凉奶糖

从品牌或商标的作用可以看出维护品牌或商标声誉的重要性。各国都制定了有关法律加以保护。在国际贸易中要注意有关国家的法律规定，以维护自己的品牌或商标权益。

在用品牌或商标来表示商品品质时，如果同一种品牌或商标的产品具有不同的型号或规格，则合同中除了使用品牌或商标外，还必须订明型号或规格。

（三）凭说明书或图片交易

有些商品，如机械、电器、仪表、交通工具等，由于构造复杂，对材料、设计、性能要求严格，无法简单地用几项指标来表示品质的全貌。因此，除说明商品名称、商标牌号、生产厂、型号外，还得采用产品说明书来介绍其形状、构造、性能、操作程序及包装方法等，有时还需附上图片、化学分析书、物理特性鉴定书等作为该商品品质的完整说明。凭说明书或产品目录交易，卖方应承担交货品质与说明书或产品目录上表述的品质完全一致的责任。

但是，买方使用产品感到效果性能不够理想时，除非存在内在缺陷，卖方一般不再负责。因此，为了确保所购商品的效能，进口方还可与出口方洽商按“实用规格”为准，以保证货物能充分发挥效用。如果实际使用结果经检验表明不符合要求，卖方还须继续承担责任。

（四）凭产地名称交易

有些农副土特产品由于生产地区的历史渊源、自然特点、人文条件、加工工艺等因素的影响，其品质具有独特风格或声誉。在出售此类商品时，可以凭产地的名称说明其品质，如武昌鱼、贵州茅台、莱阳梨、金华火腿等。

例 5－4 Sichuan Preserved Vegetable

四川榨菜

例 5－5 Chinese Northeast Soybeam

中国东北大豆

二、用样品表示农产品品质的方法

用样品表示农产品品质的方法是指交易的一方向对方提交少量代表商品品质的实物作为样品，让对方确认。对方确认后，出口方以后向进口方所交货物的品质必须与被确认的样品相同。这种用样品达成的交易称为“凭样品买卖”或“凭货物样品销售”（Sale by Sample)。这种方法又可以分为“凭卖方样品买卖”、“凭买方样品买卖”和“凭对等样品买卖”。

（一）凭卖方样品买卖

凡是样品由卖方向买方提交，让买方确认所进行的买卖，称为“凭卖方样品买卖”。在采用卖方样品成交中，应注意以下问题：

1. 卖方在选择提交给买方确认的样品时，要选择有代表性的样品。提交样品品质过高，日后大批量生产达不到样品的品质水平，就要承担违约责任；提交样品品质过低，不易成交，即使成交，价格也会被买方压低。

2. 卖方在提交给买方样品（该样品称为原样或称标准样）的同

时，卖方应保留一个与原样品品质完全一致的样品（该样品称为留样或称复样），以备成交后组织生产、处理交货品质纠纷时作核对用。卖方应在原样和留样上编制相同的号码，注明样品提交买方的具体日期，以便日后联系，或在洽谈交易时作参考。对留样一定要妥善保管，以防日后交货发生品质纠纷时拿不出留样，而使卖方处于被动地位。

在数量较大的农副产品交易中，卖方向买方提供样品和留存复样时，有时进行“封样”。封样可根据不同的需要分别委托公证机关（如商品检验机构）办理，或者由买卖双方会封，或者由卖方单方留存。

（二）凭买方样品买卖

凡是样品由买方向卖方提交，让卖方确认同意按买方提供的样品作为日后交货的品质依据而进行的买卖，称为“凭买方样品买卖”。在我国出口业务中，习惯称为“来样成交”或“来样制作”。在采用买方样品成交中，要注意以下几个问题：

1. 卖方在对买方的来样确认前，要充分考虑按买方样品生产所需要的原材料、生产设备、生产技术和生产时间等方面，自己是否具备条件。如果只想成交，而不充分考虑自己的条件，日后交货困难，就要承担违约责任。

2. 在交易中采用了买方样品时，若对买方样品无法确定是否有工业产权等第三者权利问题，应该在合同中明确规定，外贸企业在签订合同时常常在“一般交易条件”中写入相应的声明：若由买方来样引起的工业产权等第三者权利问题，与卖方无关，一概由买方负责。

3. 要注意买方样品有无涉及重大政治、社会、宗教方面敏感的色彩、造型、图案等问题。

（三）凭对等样品买卖

凡是卖方按照买方提供的样品，加工复制出某种类似的样品，让买方确认以后作为品质依据而进行的买卖，称为“凭对等样品买卖”。由于在凭买方样品买卖的情况中，卖方必须考虑自身条件是否能够生产出符合买方要求的产品，因此，在实践中，卖方常常根据买方的来样制作一个样品提交给买方确认，该样品被称为“回样”，或被称为对等样品。如果买方对回样确认，那么，该回样就作为以后买卖双方交接货物的品质依据。这种根据来样制作回样作为确认样品，等于把凭买方样品买卖转变成凭卖方样品买卖，从而尽可能地防止交货品质与样品品质不符的问题发生。

按照国际惯例和某些国家的法律解释，凡是凭样品进行的买卖，卖方交付的货物必须与提供的样品完全一致。如果发现货物的品质和样品不符，买方有权解除合同，拒绝收货并要求赔偿损失。

为此，对于某些根据买方来样成交但因制造技术原因确实难以做到货、样完全一致时，卖方往往在合同中特别订明一些弹性品质条款。例如：（1）交货与样品近似；（2）品质与样品大致相同；（3）品质接近样品。

三、确定品质条款时应注意的问题

在国际货物买卖合同中，商品品质条款是其重要条款之一。许多国家的法律都对交易中卖方的交货品质作出了明确的规定。如果卖方所交货物不符合双方所签订的合同的品质要求，买方有权拒收货物，或提出损害赔偿，甚至撤销合同。因此在确定品质条款时一定要格外小心。应注意以下问题：

（一）对某些商品可规定一定的品质机动幅度

合同中的品质规定应尽量明确、具体，而不要笼统、含混。因此，不宜用“大约”、“左右”等用语，以免日后交货时由于双方对这些用语理解不一致而产生品质纠纷。但是，某些商品，如农副产品的品质规定过细、过死，日后很难做到交货品质与合同规定相符，则又会造成卖方违约。对这类商品的品质规定要用机动幅度，允许卖方所交货物的品质在一定范围内有差异。品质机动幅度的规定方法有以下几种：

1. 规定范围

规定范围是指对商品的某些品质指标规定允许有一定的差异范围。

例 5—6　Cotton Grey Shirting Width 35/36

棉布幅阔 35/36，而布的幅阔只要在 35 英寸到 36 英寸的范围内，都算符合要求。

例 5—7　B602Tomato Paste 28/30 Concentration

B602 番茄酱 28/30 浓缩度

2. 规定极限

对有些商品的品质规格，标明上下极限的字样，如最大、最多、最高（Maximum 或 Max）和最小、最少、最低（Minimum 或 Min）。

例 5—8　White Rice，Long～shaped

Broken Grains（max.）25%

Admixture（max.）0.25%

Moisture（max.）15%

白籼米，长形

碎粒（最高）25%

杂质（最高）0.25%

水分（最高）15%

例 5—9　live yellow eel 75g and up per price

活黄鳝每条 75 克以上

3. 规定上下差异

规定上下差异是指对商品的某些品质指标规定允许上下变动的百分比。

例 5－10　Gray duck down 18%, allowing 1% more or less

灰鸭毛，含绒量 18%允许上下变动 1%

4. 品质公差

品质公差是指国际上所公认的允许产品品质出现的误差。例如，棉布幅阔允许下差 1 英寸以内者，可不经买卖双方协商确定。某些行业产品的品质指标出现一定的误差有时是难以避免的。即使合同中没有规定，只要卖方交货品质在公差范围内，也不视作违约。但是，如果国际上对特定的指标并无公认的品质公差，或买卖双方对品质公差的理解不一致，也会产生纠纷。因此，在上述情况下，还是应在合同中订明交货的品质公差为好。

（二）用价格调整来控制交货品质的变化

卖方交货品质在所规定的机动幅度允许范围内发生变化，一般按合同单价计价，不再另作调整。但是对超过品质机动幅度外的品质变化，既可按违约处理，也可用在合同中规定价格调整的方法来处理，即在合同中订立品质增减价条款。

（三）正确运用品质表示方法

品质表示方法有很多，采用什么方法，应根据农产品的特性来确定。一般来说，能用指标说明品质的农产品，应采用规格、等级或标准的表示方法；难以规格化和标准化的产品，适于采用样品的方法；品质好又具有较高知名度的品牌或商标的产品，应采用品牌或商标的方法，对于具有地方风味和特色的产品，则适于用产地名称的方法。

此外，对于卖方而言，能用一种方法表示品质的，一般就不宜用两种或两种以上的方法表示。例如，既采用样品的方法，又采用规格的方法，买方则要求交货品质既要与样品一致，又要符合规格，往往会给卖方履约带来困难。

第三节　产品包装的要求

国际贸易中的商品一般都有包装，只有少数商品采取散装和裸装的方式。商品采用包装可以便于商品储运中的装卸、搬运、保管、清点，使商品在流通过程中保持完好的品质和完整的数量；可以便于商品在销售中宣传，吸引顾客，方便消费者认购、携带和使用，从而增加商品的附加值。此外，包装时说明货物的重要组成部分，是国际贸易合同的一项主要条件。卖方必须按照合同规定的方式装箱或包装。如果卖方交付的货物未按合同规定的方式装箱或包装就构成了违约。因此，为了明确双方当事人的责任通常都在买卖合同中对商品的包装作出明确具体的规定。

发达国家对于进口商品的包装十分重视，早在20世纪50年代，美国的FDA就把对农产品、食品包装的检测与对内容物的检测同等重视。发达国家对农产品和食品的包装材料的化学成分分析和材料种类的选择要求相当高，并不是简单达到抗冲击、无毒、避光、不散色、防渗漏，对食品本身不会产生化学影响而已，而是要看它在保鲜、保质、延长食品运输和货架寿命方面的作用，看它是否具有明确的标识和提示，从而为消费者带来方便。尽管包装已经有了ISO国际标准，但各个发达国家对包装材料的技术指标要求又各不相同，并且从维护本国国民利益的原则出发，对其进口商品包装以法规和法律文件加以更严格的要求和规定。

我国出口农产品普遍包装简陋，一方面增加了运输成本和损耗，比如，我国新鲜水果、蔬菜、肉类、花卉等产品对东南亚出口数量很大。但是包装和产品的保鲜技术不好，包装粗糙。这些出口产品基本没有经过初级加工，出口包装多用传统纸箱，导致在运输时不能装载完满，达不到额定载量和体积，从而使运输成本大大增加，同时运输过程中的损耗很大，据商务部数据显示，我国每年水果蔬菜总产量的20%在运输过程中被损耗掉，损失率达到700亿美元；另一方面，使得出口农产品价格较低，出口利润受到损失。一些国家进口我国的农产品后还需要重新包装，包装后其市场价格远比进口时高。在水果、蔬菜、茶叶等方面表现的尤为明显。

根据包装在流通过程中所起作用的不同，可分为运输包装和销售包装两类。前者的主要作用在于保护商品和防止出现货损货差；后者除起保护作用外，还有促销的功能。

一、运输包装

（一）运输包装的分类

根据包装方式的不同，运输包装可分为单件运输包装和集合运输包装。单件运输包装是指货物在运输过程中作为一个计件单位的包装。集合运输包装是指将若干单件运输包装组合成一件大包装。集合运输包装对于提高装卸效率、保护商品、节省费用都有重要作用。

目前常用的集合运输包装有集装包、集装袋、托盘和集装箱。根据包装造型的不同，运输包装可分为箱、袋、包、桶和捆等不同形状的包装。根据包装材料的不同，运输包装可分为纸制包装，金属包装，木制包装，塑料包装，竹、柳、草制品包装，陶瓷包装等。根据包装质地的不同，运输包装可分为软性包装、半软性包装和硬性包装。根据包装程度的不同，运输包装可分为全部包装和局部包装。

（二）运输包装的标志

运输包装上的标志按其用途可分为运输标志、指示性标志和警告标志三种。

（1）运输标志，又称“唛头”或“唛”，是由一个简单的几何图形和一些字母、数字和简单的文字组成，其作用在于使有关人员在运输过程中易于辨认货物，避免错发错运。运输标志主要包括收/发货人名称代号、目的地名称、件号或批号等三项内容。此外，有的运输标志还包括原产地、合同号、信用证号等内容。买卖双方可根据商品的特点具体商定。

为规范运输标志，国际上制定了标准运输标志供各国使用。标准运输标志由 4 行组成，每行不超过 17 个英文字母。它包括收货人名称、参考号（如合同号、发票号等）、目的地、件号等四项内容。

（2）指示性标志，又称操作标志，是以简单、醒目的图形和文字在包装上标出，提示人们在装卸、运输和保管过程中注意的事项。如：“小心轻放”（Handle with Care）、“保持干燥”（Keep Dry）等。为统一指示性标志，一些国际组织分别制定了包装储运指示性标志，并建议各会员国采纳。

（3）警告标志，又称危险品标志。它是指危险货物包装上用图形和文字表示各种危险品的标志。其作用在于警告有关装卸、运输和保管人员按货物的特性采取相应的措施，以保障人身和物资安全。在我国出口的危险品外包装上，应根据有关规则刷写必要的危险品标志。

（三）运输包装的要求

国际贸易的商品运输包装通常比国内贸易商品的运输包装要求更高。为保证长途运输中的货物不受外界影响，安全到达目的地，对商品需要进行科学合理的运输包装。

对商品进行运输包装时要符合下列要求：①必须适应商品的特性；②必须适应运输方式的要求；③必须考虑有关国家的法律规定和客户的要求；④要便于各流转环节人员进行操作；⑤要在保证包

装牢固的前提下节省费用。

二、销售包装

销售包装是直接接触商品并进入消费领域的内包装。

（一）销售包装的种类

依据商品的不同特性和形状，常见的销售包装有下列几种：

（1）挂式包装：这类包装带有吊带、挂孔等装置，便于悬挂。

（2）堆叠式包装：这类包装堆叠稳定性强，便于摆设陈列。

（3）携带式包装：这类包装附有手提装置，携带方便。

（4）易开包装：这类包装封口严密，但有特定的开启部位，易于开启。

（5）喷雾包装：这属于流体商品的包装，该商品带有自动喷出流体的装置。

（6）配套式包装：这是指将配套商品装入同一包装中。

（7）礼品包装：这是采用了适合于送礼用的包装。

（8）复用包装：这类包装除可用于包装商品外，还具有其他用途，如观赏、存放其他物品等。

（二）销售包装的装潢和文字说明

销售包装的装潢，通常包括图案与色彩。销售包装的装潢应大方美观，富于艺术吸引力，并突出商品的特性。同时，应适应进口国的文化习俗与偏好，以利于出口。文字说明通常包括商品名称、品牌、数量、规格、成分构成、使用说明、生产日期、有效期、产地等内容。文字说明与装潢要密切结合，和谐统一，以达到宣传和促销的目的。在销售包装上使用文字说明和制作标签时，要注意有关国家的标签管理条例的规定。如加拿大政府规定，销往该国的商品必须同时使用英语和法语两种文字说明。

（三）条形码标志

条形码是一种产品代码由一组粗细间隔不等的平行线及其相应的数字组成的标记。这些线条和间隔空隙表示一定的信息，通过光电扫描阅读装置输入相应的计算机网络系统，就可判断出该商品的生产国别或地区、生产厂家、品种规格和售价等一系列产品信息，从而有效地提高结算的效率和准确性，方便商家和消费者。

国际上通用的条形码主要有两种：一种是美国统一代码委员会编制的 UPC 码（Universal Product Code），另一种是由欧洲十二国成立的欧洲物品编码协会（后改名为国际物品编码协会）编制的 EAN 码（European Article Number），该种条码从左至右第一组为前三位数，表示国名；第二组 5 位数表示厂名；第三组 5 位数表示产品名；第四组 1 位数，为校对码。目前，使用 EAN 码的国家和地区众多，EAN 码已成为国际公认的物品编码标识系统。

为适应对外经济发展的要求，我国成立了物品编码中心。该中心于 1991 年 4 月代表中国加入了 EAN 码，成为正式会员，统一组织、协调我国的条形码工作。目前，国际物品编码协会分配给我国的国别号为“690”、“691”、“692”。此外，我国的书籍代码为“978”，杂志代码为“977”。

（四）销售包装的要求

国际市场上对销售包装的用料、造型、装潢和文字说明等方面都有很高的要求。提高销售包装的水平，是加强产品国际竞争力的一个重要方面。要使销售包装适应国际市场的需要，在设计制作销售包装时应体现下列要求：①便于陈列展售；②便于识别商品；③便于携带和使用；④要有艺术吸引力。

三、中性包装

中性包装是指在出口商品的内外包装上不显示生产国别的一种

特殊的包装。我国出口的商品一般均注明“中华人民共和国制造”或“中国制造”，但有时应国外买方的要求使用中性包装。

中性包装分为定牌中性包装和无牌中性包装。定牌中性包装是指卖方应买方的要求，在其出售的商品和包装上标明买方指定的商标和品牌。其目的主要是便于树立其品牌在当地市场的声誉以利于销售。无牌中性包装主要用于一些尚待进一步加工的半制成品，要求出口国在装运出口时不使用任何商标或品牌，也不注明生产国别。中性包装虽是国际贸易中的习惯做法，但近年来受到种种限制，故采用中性包装应谨慎从事。

四、合同中的包装条款

（一）包装材料和包装方式的规定

买卖合同中就包装材料和包装方式通常有两种规定方法：一种是具体规定。如纸箱装，每箱装 30 打；另一种是作笼统规定。如习惯包装、海运包装。由于后种规定易产生争议，故尽量避免采用。

（二）包装标志的规定

商品包装上的运输标志、指示性标志和危险标志一般无须合同规定，而由卖方根据惯例、有关法规和商品特性自行印制。若合同对上述标志提出了要求，则应按合同规定办理。

（三）包装费用的规定

包装费用一般已包含在商品货价之中，不另计收。但如买方要求特殊包装，则超出的包装费用由谁负担，应在买卖合同中作出具体的规定。若合同规定由买方提供包装材料，还要对包装材料到达卖方的最迟期限作出规定。

包装条款示例如下：

例 5－11　In wooden cases of 50 kg neteach.（木箱装，每箱净重 50 公斤。）

例 5－12　In cartons, each containing 4 boxes about9 lbs., each fruit waxed and wrapped with paper.（纸箱装，每箱 4 盒，每盒约 9 磅，每颗涂蜡，包纸。）

第七章　交易磋商的基本内容
——价格条件

◆本章导读

本章主要介绍了交易磋商的基本内容之一——价格条件。价格是交易磋商中的一个重要议题。价格关系到贸易利益在买卖双方之间的分配。价格与其他贸易条件有着密切的关系，买卖双方在其他交易条件上的利害与得失，一般会反映到商品价格上来。在国际贸易实务中结合其他各种交易条件和国际贸易术语，合理运用价格制定方法，选用有利的计价货币，适当采用与价格有关的佣金和折扣，正确制定进出口商品价格和订立合同中的价格条款，对搞好进出口贸易、提高经济效益，具有十分重要的意义。

第一节　定价的要求

制定价格是一项十分复杂的工作，必须遵循价格制定的基本原则，切实掌握国际市场价格的变动趋势，充分考虑影响价格的各种因素，加强成本和盈亏的核算。

一、价格制定的原则

在确定进出口商品价格时，必须遵循以下原则：

（一）要参照国际市场价格水平

国际市场价格是在国际市场上某种商品的供求状况及竞争状况基础上形成的，它是容易被买卖双方所接受的价格。如果所出口或所进口的商品在品质、包装等方面与国际市场上其他商品没有显著差异，而要高于国际市场价格卖出，或低于国际市场买入，都会是很困难或者说不可能实现的。所以，价格制定要以国际市场价格作为客观依据和参考条件。

（二）要贯彻国际市场经营战略

企业开展国际贸易应该有长期的经营发展规划。每一笔具体的进口贸易或出口贸易应贯彻既定的经营战略。其中，价格是贯彻既定经营战略的一个重要方面。为了贯彻经营战略，价格制定要注意符合经营战略各个方面的需要。例如，价格要符合国际市场定位的需要。产品以怎样一种形象出现在国际市场上，是高档产品还是中档或低档产品，价格应与产品档次相一致，或者说制定的价格要体现产品的档次。

（三）要考虑农产品的质量

农产品质量好，定价就高；质量差，定价就低。按照这一原则，在一定的销售数量下，要提高售价，获得较高的销售收入，就要设法提高商品的质量。从我国农产品出口的实际情况来看，提高农产品质量尤为重要。

（四）要与农产品成交数量相联系

国际贸易中的惯例是，交易数量大，成交价格就低；交易数量少，成交价格就高。按照成交数量确定价格上的折扣，这是买卖双方都愿意接受的做法。由于交易数量扩大，可以增加销售额，降低单位产品的成本，从而提高效益，也就是通常所说的“薄利多销”，卖方是愿意以较低价格成交的。因此，双方都可以利用数量作为价格谈判的砝码。

（五）要结合支付条件

价格的制定应与支付方式和支付货币相结合。在出口农产品时，如果确定的支付方式为赊销、托收等，风险较高，对自己不利，那么价格可以制定的高一些；如果确定的支付方式为预付货款、信用证付款等，风险较低，则价格可以制定的低一些。在进口农产品时，采用的原则应相反。另外，制定价格应与使用何种支付货币相结合，要尽量避免承担汇率风险。

二、价格制定的方法

在国际货物买卖中，可以根据不同情况，分别采取下列各种作价办法：

（一）固定价格

固定价格指买卖双方在双方协商一致的基础上，明确地规定成交价格，履约时按此价格结算货款。这是国际上常见的做法。这种定价，即双方履约时必须遵守的价格，即使在订约后市价发生重大变化，任何一方都不得擅自更改。有的合同甚至对此作出明确规定，例如：

No price increase（adjustment）shall be allowed after conclusion of this contract.

合同成立后，不得提高（调整）价格。

在合同中规定固定价格是一种常规做法，它具有明确、具体、肯定和便于核算的特点。不过，由于商品市场行情的多变性，价格涨落不定。因此，在国际货物买卖合同中规定固定价格，就意味着买卖双方要承担从订约到交货付款以致转售时价格变动的风险。况且，如果行市变动过于剧烈，这种做法还可能影响合同的顺利执行。一些不守信用的商人很可能为逃避巨额损失，而寻找各种借口撕毁合同。为了减少价格风险，在采用固定价格时，首先，必须对影响商品供需的各种因素进行仔细地研究，并在此基础上，对价格的前景作出判断，以此作为决定合同价格的依据；其次，必须对客户的资信进行了解和研究，慎重选择订约的对象。

（二）非固定价格

非固定价格，即一般业务上所说的“活价”，大体上可分为下述几种：

1. 具体价格待定

这种定价方法又可分为：

（1）在价格条款中明确规定定价时间和定价方法。例如：“在装船月份前50天，参照当地及国际市场价格水平，协商议定正式价格”；或“按提单日期的国际市场价格计算”。

（2）只规定作价时间。例如“由双方在××××年×月×日协商确定价格”。这种方式由于未就作价方式作出规定，容易给合同带来较大的不稳定性，双方可能因缺乏明确的作价标准，而在商订价格时各执己见，相持不下，导致合同无法执行。因此，这种方式一般只应用于双方有长期交往，已形成比较固定的交易习惯的合同。

2. 暂定价格

在合同中先订立一个初步价格，作为开立信用证和初步付款的依据，待双方确定最后价格后再进行清算，多退少补。例如，“单价暂定CIF神户，每公吨2000英镑，作价方法：以××交易所3个月期货，按装船月份月平均价加8英镑计算，买方按本合同规定的暂定价开立信用证”。

3. 部分固定价格，部分非固定价格

为了照顾双方的利益，解决双方在采用固定价格或非固定价格方面的分歧，也可采用部分固定价格、部分非固定价格的做法，或是分批作价的办法，交货期近的价格在订约时固定下来，余者在交货前一定期限内作价。

非固定价格是一种变通做法，在行情变动剧烈或双方未能就价格取得一致意见时，采用这种做法有一定的好处。表现在：

（1）有助于暂时解决双方在价格方面的分歧，先就其他条款达成协议，早日签约。

(2) 解除客户对价格风险的顾虑，使之敢于签订交货期长的合同。早日确定数量、交货期，不但有利于巩固和扩大出口市场，也有利于生产、收购和出口计划的安排。

(3) 对进出口双方虽不能完全排除价格风险，但对出口方来说，可以不失时机地做成生意；对进口方来说，可以保证一定的转售利润。非固定价格的做法，是先订约后作价，合同的关键条款价格是在订约之后由双方按一定的方式来确定的。这就不可避免地给合同带来较大的不稳定性，存在着双方在作价时不能取得一致意见，而使合同无法执行的可能；或由于合同作价条款规定不当，而使合同失去法律效力的危险。

三、加强成本核算

为了实现企业的经济效益，避免不计成本、不计盈亏和单纯追求成交量的偏向，应对每笔交易进行成本核算。尤其在出口方面，为确保赢利，应该在对外成交前将强调出口总成本、出口销售外汇(美元)净收入和人民币净收入的数据一一确定，进行盈亏核算。

(一) 出口成本核算

出口总成本是指出口商品的进货成本加上出口前的一切费用和税金。进货成本即出口商品购进价，其中包括增值税。出口销售外汇净收入是指出口商品按 FOB 价出售所得的外汇净收入。出口销售人民币净收入是指出口商品的 FOB 价按当时外汇牌价折成人民币的数额。根据出口商品成本的这些数据，可以计算出出口商品盈亏率、出口商品换汇成本和出口创汇率。

1. 出口盈亏率

出口商品盈亏率是指出口商品盈亏额与出口总成本的比率。它是衡量出口盈亏程度的重要指标。出口盈亏额是指出口销售所得人民币净收入与出口总成本的差额，前者大于后者为盈利，反之为亏损。其计算公式如下：

出口盈亏率 ＝出口销售人民币净收入/出口总成本×100％

2．出口换汇成本

出口换汇成本也是用来反映出口商品盈亏的一项重要指标，它是指以某种商品的出口总成本与出口所得的外汇净收入之比，得出用多少人民币换回一美元。出口换汇成本如高于银行的外汇牌价，则出口为亏损；反之，则说明出口有盈利。其计算公式如下：

出口换汇成本 ＝出口总成本（人民币）/出口外汇净收入（美元）

3．出口创汇率

出口创汇率是指加工后成品出口的外汇净收入与原料外汇成本的比率。如原料为国产品，其外汇成本可按原料的 FOB 价计算。如原料是进口的，则按该原料的 CIF 价计算。通过出口的外汇净收入和原料外汇成本的对比，则可看出成品出口的创汇情况，从而确定出口成品是否有利。特别是在来料加工的情况下，核算出口创汇率这项指标，更有必要。其计算公式如下：

出口创汇率 ＝成品出口的外汇净收入/原料外汇成本×100％

（二）进口成本核算

进口成本由两个部分组成：进口合同价和进口流通费用。

进口合同价是进出口双方通过交易磋商确定的价格，它是进口成本中的主要部分。确定进口合同价时，要以平等互利的原则为基础，以国际市场价格水平为依据，结合企业的经营意图，制定进口商品的适当价格。

在具体交易中，进口商品的价格应按以下原则制定：凡是有国际市场价格的商品，按国际市场价格定价；凡是一时无法掌握国际市场价格的一般商品，则参考类似商品的国际市场价格定价；进口机械设备之类的商品，应根据产品质量、技术性能等条件，经与其他产品比较，评估后再定价。

进口流通费用是指在进口商品中，从与国外出口商交易磋商起一直到商品进口后转售给国内用户或其他企业为止，除了进口合同价以外所发生的一切费用开支。在进出口公司的企业管理中，有些进口流通费用与其他业务活动的费用混合在一起难以区别。针对这种情况，可以根据各笔进出口业务额的大小进行分摊；有些进口流通费用能够明显区别是在哪一笔进口项下发生的，就计入该笔进口业务的进口成本。

如果某一农产品进口中，国际运输费和货物的国际运输保险费也由进口方负担，那么进口成本中还要加上这部分运输费和保险费。有时进口方负担保险费，出口方负担运输费，这些方面的费用，一般由进出口双方通过交易磋商，在合同中加以明确。

除了国际运输及其保险所发生的费用外，在进口流通费用中，主要项目有卸货费、驳船费、码头建设费、码头仓租费、进口关税、增值税、营业税、进口商品检验费、公证费、银行费用等。

四、价格调整条款

在国际贸易中，某些商品的价格可能因原材料价格、工资水平等的变动而发生较大的变动，导致卖方要承担一定的价格风险。为了保证合同的顺利履行，像成套设备、大型机械等从订约到履约都经历较长时间，通常要规定“价格调整条款”，在订约时只规定初步价格，同时规定如原料价格、工资发生变化，卖方要保留调整价格的权利。

值得注意的是，在使用价格调整条款时，合同价格的调整是有条件的，如约定用来调整价格的各个因素在合同期间所发生的变化必须超过一定的范围才予调整，未超过限度的，则不予调整。

五、农产品定价应注意的问题

我国出口农产品大多属于劳动密集型产品。在我国劳动力价格低廉的情况下，出口的农产品成本低，与发达国家相比有一定的优势。然而，低价格的农产品出口时却往往遇到很多困难：我国农产品价格低，包装粗糙，农药等含量检测标准往往达不到发达国家的要求，遭遇贸易壁垒；价格过低的农产品进入其他国家市场，会对该国家的农业部门造成强烈的冲击，往往会受到该国的反倾销措施。针对这种情况，我国出口农产品定价应注意：

（一）合理定价，以质取胜

要抛弃以出口量衡量贸易成绩的思想，把重点放在提高农产品质量，增加农产品出口效益上。

（二）联合定价，不搞恶性竞争

我国农产品以前出口大都没有组织性，出口企业间搞恶性竞争，自己打压自己，使得出口产品的利益十分微薄。比如，占世界贸易量近50%的中国浓缩苹果汁，98%以上出口，且主要集中在欧美、日本等市场。国内各浓缩苹果汁加工企业在进行国际市场开发时，在相同的市场上往往集中开发相同的“客户”，企业间缺乏强有力的协调。浓缩苹果汁销价一路下跌，打破了多年来世界果汁正常价格的底线。现在我们的浓缩苹果汁销售价格已经处于很脆弱的微利销售阶段。价格从优势时期的800美元～1600美元/吨，一度降低到400多美元/吨。使该得的利润大量流失。因此，我国出口企业必须加强企业间协调，在行业协会的帮助下联合起来，共同进军国外市场。

第二节　报价的要求

一、国际贸易报价的形式

在农产品贸易中，贸易商通常使用单价，而且是在表明双方承担一定义务及费用的某种贸易术语下的单价。单价由四个部分组成，即计价货币、价格金额、计量单位和贸易术语。例如：

USD	300	per M/T	CIFNew York
(计价货币)	(价格金额)	(计量单位)	(贸易术语)

除了单价之外，在合同里还标出总价。总价是由单价与数量的乘积得出的，标在“金额”一栏的末尾。例如：

Total Amount：USD　300000　CIF　New York

总额：　30 万美元　　CIF　New York

二、贸易术语的选用

对于同一笔商品的交易而言，贸易术语不同，价格也就不同。例如，CIF 的价格比 FOB 的价格高。那么，对出口方来说，是否以 CIF 价格成交比以 FOB 价格成交更为有利呢？从本质上来说，不管以哪一种价格成交，出口方的商品销售收入是不变的。若以 CIF 价格成交，出口方要支付运费和保险费。扣除这两种费用后就是 FOB 价格的销售收入。

但是，也不能因此而随便选择一种贸易术语。不同的贸易术语对贸易双方规定的义务和用途是不同的。从国际贸易的实践来看，使用最多的是 FOB、CIF 和 CFR 这三种术语。随着集装箱运输和多式联运的广泛运用和发展，FCA、CPT 和 CIP 将会替代 FOB、CIF 和 CFR 更具有优越性。尤其是在出口业务中，如果货物是以集装箱船、滚装船或多式联运方式运输的，则 FCA、CPT 和 CIP 比 FOB、CIF 和 CFR 至少有两个优点：一是减少了出口商承担的风险范围；二是提前获得运输单据，从而提前了出口方交单收汇的时间，有利于出口方的资金周转。在我国的对外贸易中，选用贸易术语时，一般要综合考虑以下几个因素：①有利于发展本国的运输业和保险业；②有利于传活衔接和货物安全；③有利于节省运费；④有利于资金的融通和周转。

三、不同贸易术语价格之间的改报及其换算

在国际贸易中，不同的贸易术语表示其价格构成因素不同，即包括不同的从属费用。例如：FOB 术语中不包括从装运港至目的港的运费和保险费；CFR 术语中则包括从装运港至目的港的通常运费；CIF 术语中除包括从装运港至目的港的通常运费外，还包括保险费。在对外洽商交易过程中，有时一方按某种贸易术语报价时，对方要求改报其他术语所表示的价格，如一方按 FOB 报价，对方要求改按 CIF 或 CFR 报价，这就涉及价格的换算问题。了解贸易术语的价格构成及其换算方法，是从事国际贸易人员所必须掌握的基本知识和技能。现将最常用的 FOB、CFR 和 CIF 三种价格的换算方法及公式介绍如下：

1. FOB 价换算为其他价格

CFR 价 ＝FOB 价 ＋运费

CIF ＝（FOB ＋运费）／（1－保险费率×投保加成）

2. CFR 价换算为其他价格

FOB 价 ＝CFR 价－运费

CIF 价 ＝CFR 价/（1－投保加成×保险费率）

3. CIF 价换算为其他价格

FOB 价 ＝CIF 价×（1－投保加成×保险费率）－运费

CFR 价 =CIF 价×（1－投保加成×保险费率）

第三节　计价货币的选择

计价货币是指合同中规定用来计算价格的货币。如合同中的价格是用一种双方当事人约定的货币（如美元）来表示的，没有规定用其他货币支付，则合同中规定的货币，既是计价货币，又是支付货币。如在计价货币之外，还规定了用其他货币（如英镑）支付，则其他货币就是支付货币。在选用计价货币时应注意以下问题：

一、尽量采用可自由兑换的货币

可以选择出口国货币、进口国货币或双方同意的第三国货币作为合同中的计价货币。在实际业务中具体选用哪种货币，由买卖双方协商确定。除因双方国家订有贸易协定和支付协定，而交易本身又属于上述协定的交易，必须按规定的货币进行清算外，一般进出口合同都是采用可自由兑换的货币进行计价和支付。使用可自由兑换货币，有利于调拨和运用，还有助于在必要时转移汇价风险。

二、出口争取使用“硬币”，进口争取使用“软币”

当前世界上许多国家普遍实行浮动汇率制，货币的汇率会因市场供求变化而发生上涨或下浮，而国际贸易合同的交货期较长，从订约到履行合同，往往需要一个过程，在此期间计价货币的币值会发生一定程度的变化，影响到买卖双方的经济利益。作为交易的当事人，在选择计价货币时，就必须考虑其将来的汇价走势。

具体到某一笔交易，都必须在深入调查研究的基础上，尽可能争取把发展趋势对我国有利的货币作为计价货币。在实际业务中，以什么货币作为计价货币，还应视双方的交易习惯、经营意图以及价格而定。如果为达成交易而不得不采用对我国不利的货币，则可设法用下述两种办法补救：

（1）根据该种货币今后可能的变动幅度，相应调整对外报价。

（2）在可能条件下，争取订立保值条款，可以避免计价货币汇率变动的风险。如“软币”计价、“硬币”支付，即将商品单价或总金额按照计价货币与支付货币当时的汇率，折合成另一种硬币，按另一种硬币支付。例如：Under this contract，one French Franc equivalent to Deutsche Mark××. Both invoice and draft shall be made out in Deutsche Marks.（本合同项下每一法国法郎相等于××德国马克。发票和汇票均需以德国马克开立。）

第八章　交易磋商的基本内容——支付条件

◆本章导读

本章主要介绍了交易磋商的又一项基本内容——支付条件。货款的收付是商品交易双方基本的权利和义务，直接影响双方的资金周转和融通，以及各种金融风险和费用的负担，是关系到交易双方切身利益的问题。因此，买卖双方在交易磋商时，都力争约定对自己有利的支付条件。在国际贸易中，由于运输和国界的问题，物、款往往不能同时、同方向流动，这给货款的支付带来了不便和风险。随着信息技术的发展，这个问题在一定程度上得以解决，但也提高了支付的复杂性和风险程度。货款的支付主要涉及支付工具、支付方式、付款时间与地点等问题。支付工具分为货币和票据。在国际贸易中，票据是最主要的支付工具。国际贸易中的支付方式有多种，其中汇付、托收和信用证是基本的几种。进行农产品国际贸易时，有必要掌握常用的支付工具和支付方式等方面的一些基本知识，这也有利于增加贸易机会，识别国际贸易中存在的风险。

第一节　支付工具

一、票据的概念和性质

国际贸易货款的收付，采用现金结算的较少，大多使用非现金结算，即使用票据代替现金作为流通手段和支付手段来结清国际间的债权债务关系。票据是国际通行的结算和信贷工具，是可以流通转让的债权凭证。国际贸易中使用的票据主要有汇票、本票和支票，其中以使用汇票为主。

根据各国票据法的规定和解释，票据具有以下几个性质：

（一）有价性

票据上写明的给付的金额就是该票据的价值，它可以当作现金来使用。持票人要使用票据，必须占有票据，若票据丧失，持票人就没有使用它的权利。

（二）规范性

票据必须按照法律规定作成。票据只有具备法定的要素和格式，才能产生法定效力。各国票据法都规定了票据权利、义务和如何实现这些权利和义务，规定了票据如何使用等。

（三）强制性

票据是否有效，完全不受出票或转让原因的影响。只要符合法定形式，在票据到期时，付款人必须无条件支付，票据受让人无需调查出票或转让的原因。

（四）流通性

票据作成后可以通过背书进行转让。票据可以不经债务人的同意，通过背书进行转让和再转让。票据的受让人可以获得票据的全部法律权利。

我国为了适应市场经济建设的需要，参照国际上的习惯做法和各国立法，结合我国实际情况，在1996年颁布了《中华人民共和国票据法》。

二、汇票

汇票在国际贸易支付中是一种最主要的票据。

(一) 汇票的定义

汇票是由一人向另一人签发的无条件书面支付命令，要求对方（接受命令的人）即期或定期或在可以确定的将来时间，向某人或指定人或持票来人支付一定金额。

(二) 汇票必备的内容

汇票必须具备必要的形式和内容。我国《票据法》第22条明确规定，汇票必须记载下列事项：

(1) 表明“汇票”的字样；

(2) 无条件支付的委托；

(3) 确定的金额；

(4) 付款人的名称；

(5) 付款地点；

(6) 付款期限；

(7) 收款人的名称；

(8) 出票日期；

(9) 出票地点；

(10) 出票人签章。

关于付款日期、付款地点和出票地点等内容，我国《票据法》第23条作了下述规定：“汇票上记载付款日期、付款地、出票地等事项的，应当清楚、明确。汇票上未记载付款日期的，为见票即付。汇票上未记载付款地的，付款人的营业场所、住所或者经常居住地为付款地。汇票上未记载出票地的，出票人的营业场所、住所或者经常居住地为出票地。”

(三) 汇票的当事人

有关汇票的当事人主要有以下几种：

(1) 出票人。出票人是签发票据并将票据交付给他人的人。

(2) 付款人。付款人是指支付给持票人或收款人票面金额的人，付款人并不一定是出票人，只是出票人的债务人。

(3) 收款人。收款人是指收取票款的人。

(4) 承兑人。票据是远期票据时，对远期票据到期时支付一定金额作出承诺的人即承兑人，一般为远期汇票付款人。

(5) 背书人。背书人指在票据上背书，将票据转让给其他人的人。背书一般是在票据的背面签字或盖章。接受了背书票据的人叫做被背书人，票据可以多次背书转让。

(6) 持票人。持票人是持有票据的人。

(四) 汇票的使用

票据行为是指以清偿票据所代表的债权、债务为目的所产生的一定形式的法律行为。汇票的票据行为，即汇票的使用，指汇票从出票到付款的整个执行过程。这个过程的基本步骤是出票、提示、付款。但是，远期汇票要经过承兑，汇票的流通还需要背书。因此，汇票的使用涉及的环节有五个：出票、提示、承兑、背书、付款。

1. 出票

出票人开具汇票并签字，进而将汇票交付给受票人的行为称为出票。

出票由三个动作组成，一是由出票人制作汇票，或在事先印好的格式上在空白的部位将票据内容填上；二是在汇票上签字；三是由汇票的出票人将汇票交付给收款人。

在所出汇票上面，对收款人的表述非常重要，可视不同交易的需要，在下面三种方法中选择一种作为汇票的抬头：

(1) 限制性抬头。用“仅付××”或“仅付××，不许转让”等类字样来规定固定的受益人。这种汇票不准流通转让，只有指明的公司才有权收取票款。

(2) 指示性抬头。用“付××或其指定人”等类字样，该汇票可通过背书转让。

（3）持票人或来人抬头。此种汇票表明，持票人为受款人。一般标有“付来人”或“付给持票人”，表示汇票受票人可将规定款项交付给持有汇票的任何人。来人抬头汇票的转让无须背书，仅凭交付就算完成转让。

汇票一经出票，出票人即为债务人，对收款人或持票人承担该汇票应被付款人承兑和付款的责任，而收款人即享有汇票上的所有权利。

2. 提示

汇票持有人将汇票交给付款人要求承兑或付款的行为叫提示。在汇票可以背书转让的情况下，付款人并不知道汇票会流转到何人手中，因此持票人要想取得票款，必须向付款人提示汇票。

付款人见到汇票称为见票。即期汇票的执行有一次提示，而远期汇票则有两次提示行为，即付款提示和承兑提示。

3. 承兑

远期汇票的受票人在汇票持有人提示汇票之后即在汇票正面签上“承兑”字样以及姓名、日期，表示承担到期付款责任的行为叫承兑。

承兑包括两个动作：

（1）付款人在汇票正面注明“承兑”字样，并加注承兑日期和签名；

（2）承兑人承兑汇票，将汇票交还持票人，以供持票人在汇票到期日再次向承兑人提示付款。国际银行惯例是向持票人发出“承兑通知书”。

汇票一经承兑，付款人即成为承兑人，也即汇票的主债务人，必须承担汇票到期无条件付款的责任，而出票人和其他背书人退居于从债务人的地位。若承兑人在汇票到期日拒绝付款，则持票人可直接对他提起诉讼。反之，若付款人拒绝承兑汇票，他并不承担对汇票到期付款的法律责任，持票人只能对前手背书人及出票人追索。

此外，承兑不得附有条件，否则将视为拒绝承兑。

4. 背书

背书是指在票据背面或者栈单上记载有关事项，经签章后交付给受让人的行为。背书包括两个行为：一是在汇票背面背书；二是交付给被背书人。只有经过交付，才算完成背书行为。对于受让人来说，所有在他以前的背书人和原出票人都是他的“前手”；而对于出让人来说，所有在他出让以后的受让人都是他的“后手”。前手对于后手负有担保汇票必然会被付款的责任。

背书是受款人转让汇票的手段。背书的方式有以下三种：

(1) 限制性背书。即不可转让背书。限制性背书规定汇票只交付一次，受让人只能自行使用汇票而无再次转让的权利。例如，背书人在汇票背面签字，写明“仅付××× (pay to××× Co. only)”或“付给×××，不得转让 (pay to××× Co. nottransferable)”。

(2) 特别背书。又称记名背书，是指背书人在票据背面签名外，还写明被背书人的名称或其指定人，但无“仅付”、“不得转让”等字样。如写明“付给×××（被背书人名称）的指定人 (pay to××× Co. ororder)”等。特别背书的汇票可以连续多次背书，多次转让。

(3) 空白背书。又称不记名背书，即背书人在汇票上只有签名，不写付给某人，即没有被背书人。空白背书的汇票凭交付而转让。

汇票的持有人也可以将汇票转让给银行。如果把远期汇票出让给银行，就是我们通常讲的“贴现”。银行贴现汇票时要按照事先规定的或双方商定的贴现率扣除贴现日到汇票到期日的利息，再把所余现款付给出让人。银行可等到汇票到期日向付款人索付，也可以在市场上继续转让汇票。在国际贸易中，银行贴现是出口商提前获取货款的主要形式。

5. 付款

付款是汇票受票人（付款人）在汇票规定的时间向汇票规定的收

款人清偿汇票金额的行为。付款行为的完成标志着汇票代表的债权、债务的结束。

6. 拒付

拒付也称退票。拒付包括拒绝承兑和拒绝付款两项内容：当持票人向付款人提示汇票要求承兑遭到拒绝时，构成拒绝承兑；当持票人提示汇票要求付款遭到拒绝时，构成拒绝付款。

此时，持票人应将拒付的事实通知前手，并提供拒付证书。拒付证书应由付款当地的法定公证人或具有同等权利的机构如法院、银行、邮局等作出，证明拒付事实。受到追索的出票人应以买卖合同为依据，同拒付的进口人进行交涉。

付款人对远期汇票拒绝承兑，或对即期汇票拒绝付款，并不使他对持票人负有《票据法》上的责任。但是，若付款人对远期汇票承兑后到期又拒付，就不仅可被持票人追诉，也可被出票人追诉。

三、本票

（一）本票的定义

本票是一人向另一人签发的，保证于见票时或定期或可以确定的将来时间，对某人或其指定的人或持票人支付一定金额的无条件的书面承诺。

（二）本票的必备内容

本票的必要项目包括：

（1）写明其为“本票”的字样；

（2）无条件支付承诺；

（3）收款人名称；

（4）出票人签章；

（5）出票日期；

（6）确定金额。

如果本票上缺少上述记载规定事项中的任何一项，视为无效。

（三）本票的种类

1. 按出票人的不同，可分为商业本票和银行本票

商业本票是由工商企业或个人签发的本票，也称为一般本票。商业本票可分为即期和远期两种。银行本票都是即期的。在国际贸易结算中使用的本票大多是银行本票。我国《票据法》第79条规定，我国只允许开立自出票日起，付款期限不超过两个月的银行本票。

2. 按付款期限的不同，可分为即期本票和远期本票

即期本票就是见票即付的本票，而远期本票是承诺于未来某一规定的或可以确定的日期支付票款的本票。

在大型的资本货物进出口交易中，由于交货期限长，金额巨大，通常由进口商签发到期时间不等的一套若干份本票，经过银行担保后，提供给出口商，由出口商到期付款，从而保证出口商或其他持票人的利益。

四、支票

（一）支票的定义

支票是存款人签发的，委托办理支票存款业务的银行或者其他金融机构在见票时无条件支付确定的金额给收款人或持票人的票据。从以上定义可见，支票是以银行为付款人的即期汇票。支票出票人签发的支票金额，不得超出其在付款人处的存款金额。如果存款低于支票金额，银行将拒付。这种支票称为空头支票，出票人要负法律上的责任。

（二）支票的必备内容

支票的必要项目包括：

（1）标明“支票”的字样；

（2）无条件支付委托；

（3）出票人签字；

（4）出票日期；

(5) 确定金额；

(6) 收款人名称。

在支票上缺少记载上述规定事项之一的，视为无效。

(三) 支票的种类

1. 记名支票

在支票上注明收款人，只有收款人才能收款的支票。

2. 不记名支票

又称空白支票，抬头人一栏注明“付给来人”。这种支票无须背书即可转让，取款时也无须在背面签字。

3. 划线支票

主要是委托银行代理收款。这种支票的票面上划有两条平行的横向线条，支票的持票人不能提取现金，只能委托银行收款入账。

4. 保付支票

存款人签发，由银行担保的支票。为了避免出票人开空头支票，收款人或持票人可以要求付款行在支票上加盖“保付”印记，以保证到时一定能得到银行付款。

5. 银行支票

由银行签发，由银行付款的支票。

6. 旅行支票

是一些大银行大旅行社开出，供旅行者使用的一种支票，支票的金额是固定的。

第二节 汇 付

一、汇付的含义及其当事人

（一）汇付的含义

汇付又称汇款，是指进口方按照合同中规定的时间和条件，通过银行主动将款项汇给出口方。

（二）汇付方式的当事人

汇付方式涉及的当事人有四个：

(1) 汇款人。即汇出款项的人，一般是进口商。

(2) 收款人。即收取款项的人，也叫受益人，一般是出口商。

(3) 汇出行。是接受汇款人的委托或者申请，汇出款项的银行，通常是进口地的银行。

(4) 汇入行。是汇出行委托支付汇款的银行，汇入行通常是汇出行的代理行，一般是出口人所在地的银行。其中汇款人与汇出行之间订有委托合约，汇出行与汇入行之间订有委托代理合约。

二、汇付方式的种类

1. 信汇

汇出行应汇款人的申请，将信汇委托书寄给汇入行，授权解付一定金额给收款人的一种汇款方式。信汇的优点是费用较为低廉，但收款人收到款项的时间较晚。

2. 电汇

汇出行应汇款人申请，拍发加押电报或电传（即采用加注密押的电报或电传，以确保资金的安全）给在另一国家的分行或代理（汇入行），指示解付一定金额给收款人的一种汇款方式。电汇的优点是交款迅速，其缺点是费用较高。

信汇和电汇的业务程序见图 7－1

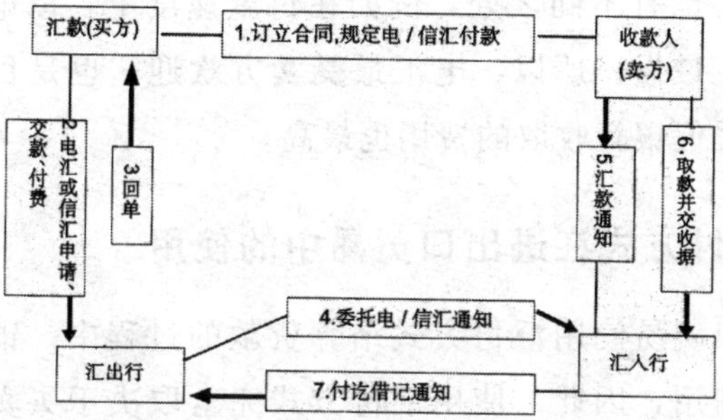

图 7－1　信汇/电汇的业务程序

3. 票汇

汇出行应汇款人申请，代汇款人开立以其分行或代理行为解付行的银行即期汇票，支付一定金额给收款人的一种汇款方式。票汇项下的汇票经收款人背书，可以转让流通。

票汇的业务程序见图 7－2。

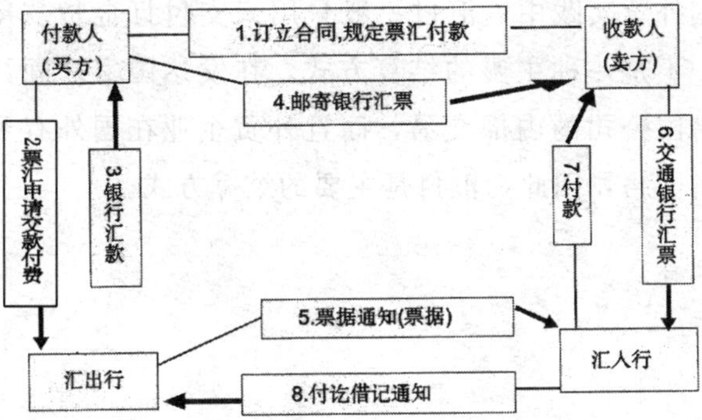

图 7－2　票汇的业务程序

无论采用电汇、信汇还是票汇，其所使用的结算工具（委托通知或者汇票）的传送方向与资金的流动方向相同，因此均属顺汇。但这三种方式也有不同之处，例如在付款速度上，以电汇最快，信汇次之，票汇最慢。所以，电汇最受卖方欢迎，也是目前采用汇付的主要方式，但银行收取的费用也最高。

三、汇付方式在进出口贸易中的使用

在进出口贸易使用汇付方式结算货款的过程中，银行只提供服务而不提供信用，因此，使用汇付方式完全取决于买卖双方中一方对另一方的信任，并在此基础上向对方提供信用和进行资金融通。因此，汇付方式属于商业信用性质。买卖双方对每一种结算方式，都从手续费用、风险和资金负担的角度来考虑它的利弊。

汇付的优点在于手续简便、费用低廉。汇付的缺点是风险大，资金负担不平衡。因为以汇付方式结算，可以是货到付款，也可以是预付货款。如果是货到付款，卖方向买方提供信用并融通资金。而预付货款则是买方向卖方提供信用并融通资金。不论哪一种方式，风险和资金负担都集中在一方。

在我国外贸实践中，汇付一般只用来支付订金货款尾数、佣金等项费用，不是一种主要的结算方式。在发达国家之间，由于大量的贸易是跨国公司的内部交易，而且外贸企业在国外有可靠的贸易伙伴和销售网络，因此，汇付是主要的结算方式。

第三节 托 收

一、托收的含义及当事人

（一）托收的含义

按照国际商会制定的《托收统一规则》第 2 条的规定可对托收做如下定义：托收是指由接到托收指示的银行根据所收到的指示处理金融单据和/或商业单据以便取得付款/承兑，或凭付款/承兑交出商业单据，或凭其他条款或条件交出单据。

（二）托收方式的当事人

（1）委托人。即开出汇票委托银行向国外付款人代收货款的人，也称为出票人，通常为出口人。

（2）托收行。即接受出口人的委托代为收款的银行，通常为出口地银行。

（3）代收行。即接受托收行的委托向付款人收取货款的银行，通常为进口地银行。

（4）付款人。托收的付款人即为汇票的受票人，通常为进口人。

在托收业务中，如发生拒付，委托人可以指定付款地的代理人代为料理货物存仓、转售、运回等事宜，这个代理人叫做“需要时的代理人”。委托人如指定需要时的代理人，必须在托收委托书上写明此代理人的权限。上述当事人中，委托人与托收行之间、托收行与代收行之间都是委托代理关系，付款人与代收行之间则不存在任何法律关系，付款人是根据买卖合同付款的。所以，委托人能否收到货款，完全视进口人的信誉好坏，代收行与托收行均不承担责任。

二、托收的程序

在国际贸易中，托收业务一般可以分成六个步骤，即申请、委托、提示、付款、划账和结算。

（一）申请

出口商在发运货物后，签发以进口商为付款人、以出口商本人或其开户行为收款人的汇票，另外填写托收申请书，向自己所在地银行提出托收申请。

托收申请书中详细列明了当事人的名称、地址、托收金额、托收单据以及对有关银行的各项指示。如果银行接受委托，那么托收申请书将是银行向国外代理行发出委托书的主要依据。

（二）委托

若出口商所在地的银行接受出口商的托收申请，则该银行（即成为托收行）应根据托收申请制作托收委托书，然后连同委托人提交的汇票，一起寄送给进口商所在地的代收行，要求代收行向进口商收取货款。这个过程就构成银行间的委托。

（三）提示

代收行在收到托收行寄来的汇票与托收委托书后，首先核查托收委托书的授权签字，以鉴定真伪；若无法鉴定，就应及时向委托书上记明的委托行查询，以求确证。其次，代收行按照托收委托书中列明的单据清单核对单据的种类与份数，若有缺漏与错误，应及时通知委托行，然后代收行将制作代收通知书，并按委托书关于提示时间的规定，向进口商作提示，要求进口商按汇票上的要求进行付款。

（四）付款

进口商接到代收行的提示后，按照汇票上的提示向代收行支付货款。

（五）划款

代收行收妥货款后，应按照托收委托书的规定进行划账，把货款划拨给托收行。

（六）结算

托收行收到代收行发来的收款通知后，应当立即转告出口商，并在资金已经到账后，扣除一切应收费用与开支，将净额转入委托人的账户。至此，托收业务结束。

三、托收种类

（一）按是否附有货运单据划分

1. 跟单托收

跟单托收是汇票连同商业单据向进口行收取款项的一种托收方式，有时为了避免印花税，也有不开汇票，只拿商业单据委托银行代收。

由于使用的结算工具（托收指示书和汇票）的传送方式与资金的流动方向相反，所以，托收方式属于逆汇。跟单托收业务一般按照以下程序进行：

(1) 出口人按照合同规定发货后取得运输单据，即连同汇票及发票等商业单据，填写托收申请书一并送交托收行，委托代收货款。

(2) 托收行根据出口人的指示，向代收行发出托收委托书连同汇票、单据寄交代收行，要求按照申请书的指示代收货款。

(3) 代收行收到单据和汇票后，应及时向进口人作付款或承兑提示。如为即期汇票，进口人应立即付清货款，取得货运单据；如为远期汇票，进口人应立即承兑汇票。但如果属于远期付款交单方式，代收行保留汇票及单据，待汇票到期再通知付款赎单；如果属于承兑交单方式，则进口人在承兑汇票后即可从代收行取得全套单据。

(4) 代收行收到货款后，应立即将货款拨付托收行。

(5) 托收行收到货款应立即转交出口人。

2. 光票托收

光票托收指汇票不附带货运票据的一种托收方式。在托收业务中银行处理的单据有两类：一类是资金单据，另一类是商业单据。前者指的是汇票、期票、支票、付款收据或其他取得付款的类似凭证，后者是指发票、装船单据、所有权凭证或其他类似的单据。由于光票托收只附带汇票而无商业单据，因此光票托收又被分为资金单据托收、金融单据托收、票据托收或非货运单据托收。主要用于货款的尾数、样品费用、佣金、贸易从属费用、索赔以及非贸易的款项。

(二) 按交单条件的不同划分

1. 付款交单

付款交单指出口人的交单以进口人的付款为条件。即出口人发货并取得装运单据，委托银行办理托收，并在委托书中指示银行：只有在进口人付清货款后，才能把商业单据交给进口人，即交单以付款为条件。付款交单按付款时间不同，可分为：

(1) 即期付款交单 (D /P at sight)。出口人发货后开具即期汇票，连同商业单据，通过银行向进口人提示，进口人见票后立即付款，向银行领取商业单据。

即期付款交单一般业务程序说明：①出口人按合同规定装货后，填写委托申请书，开立即期汇票，连同货运单据（或不开立汇票，仅将货运单据）交托收行委托代收货款；②托收行根据托收申请书制作托收委托书连同汇票（或没有汇票）、货运单据寄交代收银行委托代收；③代收行依照委托书的指示向进口人提示汇票与单据（或仅提示单据）；④进口人审单无误后付款；⑤代收行交单；⑥代收行办理转账，并通知托收行款已收妥；⑦托收行向出口人交款。

(2) 远期付款交单 (D /P after sight)。出口人发货后开具远期汇票，连同商业单据，通过银行向进口人提示，进口人审核无误后即在汇票上进行承兑，于汇票到期日付清货款后再领取商业单据。如果付款日期晚于到货日期，进口方可以提前付款赎单，扣除提前付款日至原付款到期日之间的利息，作为提前付款的一种现金折扣。

远期付款交单一般业务程序说明：①出口人按合同规定装货后，填写委托申请书，开立远期汇票，连同货运单据交托收行委托代收货款；②托收行根据托收申请书缮制托收委托书，连同汇票、货运单据寄交代收行委托代收；③代收行依照委托书的指示向进口人提示汇票与单据，进口人经审核无误在该汇票上承兑后，代收行收回汇票与单据；④进口人到期付款；⑤代收行交单；⑥代收行办理转账，并通知托收行款已收妥；⑦托收行向出口人交款。

2. 承兑交单 (D /A)

承兑交单指出口人的交单以进口人在汇票上承兑为条件。即出口人在装运货物后开具远期汇票，连同商业单据通过银行向进口人提示，进口人承兑汇票后，代收行即将单据交给进口人，在汇票到期时，进口方履行付款义务。

承兑交单业务程序说明：①出口人按合同规定装货后，填写委托申请书，开立远期汇票，连同货运单据交托收行委托代收货款；②托收行根据托收申请书缮制托收委托书，连同汇票、货运单据寄交代收行委托代收；③代收行依照委托书的指示向进口人提示汇票与单据，进口人在该汇票上承兑，代收行在收回汇票的同时，将货运单据交给进口人；④进口人到期付款；⑤代收行办理转账，并通知托收行款已收妥；⑥托收行向出口人交款。

四、托收在国际贸易中的应用

银行在托收业务中，只提供服务，不提供信用。银行只以委托人的代理人行事，既无保证付款的责任，也无审核货运单据是否齐全、是否符合买卖合同的义务；当发生进口方拒绝付款赎单的情况后，除非事先取得托收银行的同意，代收银行也无代为提货、办理进口手续和存仓保管的义务。因此，托收方式与汇付方式一样，也属于商业信用性质。出口方委托银行收取的货款，能否收到，全靠进口方的信用。但是，托收方式对进口方来说，却是极为有利的。不需要垫付资金，或仅需垫付较短时间的资金。如果采用承兑交单条件，进口方还有进一步运用出口方资金的机会，或仅凭本身的信用进行交易而无须购货资金。所以，以托收方式进行结算，能调动进口方的经营积极性，提高交易商品在国际市场上的竞争力，从而使出口方达到扩大销售的目的。

在使用此种方式时，应注意下列问题：

（1）认真考察进口方的资信情况和经营作风，并根据进口方的具体情况妥善掌握成交金额，不宜超过其信用程度。

（2）对于贸易管理和外汇管制较严的进口国家和地区不宜使用托收方式，以免货到目的地后，由于不准进口或收不到外汇而造成损失。

（3）了解进口国家的商业习惯，以免由于当地习惯做法，影响安全迅速收汇。例如，有些拉美国家的银行，对远期付款交单的托收按当地的法律和习惯，在进口人承兑远期汇票后立即把商业单据交给进口人，即把远期付款交单改为承兑交单处理，因而增加了出口人收汇的风险，并可能引起争议和纠纷。

（4）出口合同应争取按 CIF 或 CIP 条件成交，由出口人办理货运保险；也可投保出口信用险。在不采用 CIF 或 CIP 条件时，应投保卖方利益险。

（5）填写货运单据时一般应做成空白抬头并加背书，如需做代收行抬头时，应先与银行联系并经认可后办理。被通知人一栏，必须详列进口人的名称和地址，以便到货时承运人及时通知买方。

（6）严格按照合同规定装运货物、制作单据，以防止被买方找到借口拒付货款。

（7）采用托收方式收款时，要建立健全管理制度，定期检查，及时催收清理，发现问题应迅速采取措施，以避免或者减少可能发生的损失。总之，在托收业务中，出口人的风险很大，资金负担也较重，所以，在出口业务中决定采用托收方式收款时必须慎重，切实注意以上各点，以保证和提高企业的经济效益。

第四节 信用证付款

信用证（简称 L/C）支付方式是随着国际贸易的发展，在银行等金融机构参与国际贸易结算的过程中逐步形成的。信用证支付方式把由进口人履行付款责任，转为由银行付款，保证出口人安全迅速收到货款，买方按时收到货运单据。因此，在一定程度上解决了进出口人之间互不信任的矛盾；同时，也为进出口双方提供资金融通的便利。所以，自信用证出现以来，这种支付方式发展很快，并在国际贸易中被广泛应用。至今，信用证付款已成为国际贸易中普遍采用的一种主要的支付方式。

一、信用证的含义

根据国际商会《跟单信用证统一惯例》的解释，信用证是由一家银行（开证行）应客户（申请人）的要求和指示或以自身的名义，在符合信用证条款的条件下，凭规定的单据：

①向第三者（受益人）或其指定人付款，或承兑并支付受益人出具的汇票；②或授权另一家银行付款，或承兑并支付该汇票；③或授权另一家银行议付。

简单地说，信用证是指银行根据进口人的要求，向出口人开立的有条件的付款保证书。

二、信用证的当事人

（一）开证行

开证行是应申请人（进口商）的要求向受益人（出口商）开立信用证的银行，开证行承担保证付款的责任。

（二）受益人

受益人是开证行在信用证中授权使用和执行信用证并享受信用证所赋予的权益的人，受益人一般为出口商或实际供货人。

（三）保兑行

保兑行是应开证行或信用证受益人的请求，在开证行的付款保证之外对信用证进行保证付款的银行。

（四）开证申请人

开证申请人是向银行提交申请书申请开立信用证的人，它一般为进出口贸易业务中的进口商。

（五）通知行

通知行是受开证行的委托，将信用证通知给受益人的银行，一般为开证行在出口地的代理行或分行。通知行只鉴别信用证的表面真实性，通知信用证，不承担其他义务。

（六）付款行

付款行是开证行在信用证中指定并授权向受益人承担（无追索权）付款或承兑责任的银行。

（七）承兑行

承兑行是开证行在承兑信用证中指定的并授权承兑信用证项下汇票的银行。

（八）议付行

议付行是根据开证行在议付信用证中的授权，买进受益人提交的汇票和单据的银行。

（九）偿付行

又称信用证清算银行，是指受开证行的指示或授权，对有关代付行或议付行的索偿予以照付的银行。偿付行接受开证行的委托或授权，凭有关代付行或议付行的索偿电讯或航邮进行偿付，但此偿付不视作开证行终局性付款，因为偿付行并不审查单据，不负单证不符之责。开证行在见单后发现单证不符时，可直接向寄单的议付行、代付行追回业已付讫的款项。

（十）转让行

转让行是应第一受益人的要求，将可转让信用证转让给第二受益人的银行。转让行一般为信用证的通知行。

三、信用证的内容

国际上各银行的信用证没有统一的格式。根据国际商会发布的出版物所要求与规定的标准格式，其基本内容可分为 15 点：

1. 开证行的名称

2. 信用证地点与开证日期

开证日期是开证行开立信用证的日期。开证日期一般表述为“date of issue”。信用证中必须明确表明开证日期。如果信用证中没有开证日期字样，则视开证行的发电日期（电开信用证）或抬头日期（信开信用证）为开证日期。

3. 信用证的种类和信用证的编号

4. 信用证有关当事人的名称及地址

5. 信用证币种和金额

6. 信用证有效期限和到期地点

7. 委托开证的字句

一般是申明受某某指示开立本证。

8. 信用证货物描述

信用证的货物描述，是信用证对货物的名称、数量、牌号、数量、包装、单价、唛头等的叙述。有时在此项下还加注合同号之类的字句。

9. 信用证单据条款

信用证的单据条款，是开证行在信用证中列明的受益人必须提交的单据的种类、份数、签发条件等内容。

10. 信用证装运条款

包括运输方式、装运港（地）、目的港（地）、装运日期和是否可以分批或转运之类的文句。

11. 汇票条款

此项至关重要，因为它是用来规定出具什么样的汇票（远期或者即期）、出票的根据、汇票的付款人等。

12. 特别条款

有些信用证的特别条款书写在背面，其内容往往都是一些特殊要求，如规定交单日期或要求某一特殊单据。

13. 保证付款的文句

14. 为通知行加注必要字句栏

如开证行要求通知行加以保兑，通知行同意时，便应在此栏内加上通知行有关保兑字句。

15. 遵循国际商会《跟单信用证统一惯例》的文句

四、信用证的收付程序

信用证的收付程序随信用证类型的不同，其具体做法有所差异，但就其基本流程而言，大体要经过申请、开证、通知、议付、索偿、付款、赎单等环节。由于在以信用证方式结算的情况下，结算工具（汇票、单据、索偿证明等）与资金流向相反，因此，也属逆汇。现以最为常见的即期不可撤销跟单议付信用证为例，简要说明其收付程序，以及各环节的具体内容。

（一）订立买卖合同

进出口双方先就国际货物买卖的交易条件进行磋商，达成交易后订立国际货物买卖合同，明确规定进口人以信用证方式支付货款。

（二）申请开证

开证申请人即为合同的进口方，应按合同规定的期限向所在地银行申请开证。申请人申请开证时，应向开证行交付一定比例的押金或其他担保品，押金为信用证金额的百分之几到几十，其高低由开证行规定，与申请人的资信和市场行情有关。对于资信良好的客户，有的银行会授以一定的开证额度，在规定额度内开证，可免交保证金。

（三）开证行开立信用证

开证行接受申请人的开证申请后，应严格按照开证申请书的指示开出信用证。信用证的开证方式有“信开”和“电开”两种。信开是指开证行以航邮将信用证寄给通知行；电开即是由开证行将信用证加注密押后以电讯方式通知受益人所在地的代理行，即通知行，请其转交受益人。

（四）通知行通知受益人

通知行收到信用证后，经核对签字印鉴或密押无误，应立即将信用证转交受益人，并留存一份副本备查。按《跟单信用证统一惯例》规定，如通知行无法鉴别信用证的表面真实性，它必须毫不迟延地通知开证行说明它无法鉴别，如通知行仍决定通知受益人，则必须告知受益人它未能鉴别该证的真实性。

（五）审证、交单、议付

受益人收到信用证后，应立即进行审核，如发现信用证中所列条款内容与买卖合同不相符合，或者不符合有关国际惯例的规定，应立即通知申请人要求修改，申请人向开证行提交修改申请书，开证行做成修改通知书后按原来信用证的传递方式交付通知行，经通知行审核签字密押无误后转交受益人。受益人对信用证的内容审核无误，或收到修改通知书审核后可以接受，即可根据信用证的规定发运货物，缮制并取得信用证规定的全部单据，开立汇票（或不开汇票，视信用证规定），连同信用证正本和修改通知书（如果有修改通知书），在信用证规定的有效期和交单期内，递交给通知行或与自己有往来的银行或信用证中指定的议付行办理议付。议付是受益人利用信用证取得资金融通的一种方式。即由受益人向上述当地银行递交信用证规定的全套单据，银行在单证一致的前提下，扣除预付款的利息和手续费后，购进受益人出具的汇票和全套单据。俗称“买单”，又称“出口押汇”。议付是可以追索的。

（六）寄单索偿

议付行议付后，取得了信用证规定的全套单据，即可凭单据向开证行或其指定银行请求偿付货款。如果开证行未在信用证内指定其他银行，则议付行应将单据寄交开证行；若开证行在信用证中指定了一家付款行，则议付行应将单据寄交指定付款行。收到单据的开证行或付款行，在审单无误后，即应将款项偿付给议付行。若开证行在信用证中指定了一家偿付行，则议付行应向开证行寄单，但同时又向偿付行发出索偿通知。偿付行在接到索偿通知后，按其与开证行的事先约定，向议付行偿付；如偿付行拒绝偿付，开证行仍应承担付款责任。开证行和付款行的付款，是不可追索的。开证行或付款行如发现单据和信用证不符，应在不迟于收到单据的次日起七个营业日内通知议付行表示拒绝接受单据，如果不能在该期限内表示拒绝，则开证行必须履行付款责任。

（七）申请人付款

赎单开证行在向议付行偿付后，即通知申请人付款赎单。开证人应到开证行审核单据，若单据无误，即应付清全部货款与有关费用（如开证时曾交付押金，则应扣除押金的本息），若单据和信用证不符，申请人有权拒付。申请人付款后，即可从开证行取得全套单据。此时申请人与开证银行之间因开立信用证而构成的契约关系即告结束。

五、信用证的特点

根据《跟单信用证统一惯例》的规定，信用证有以下三个主要特点：

（一）开证行负首要付款的责任

信用证支付方式是由开证银行以自己的信用作保证，所以，作为一种银行保证的信用证，开证行对其负首要的即第一性的付款的责任。

信用证开证银行的付款责任，不仅是首要的而且是独立的，即使进口人在开证后失去偿付能力，只要出口人提交的单据符合信用证条款，开证行也要负付款责任。付款后如发现有误，也不能向受益人或索偿行进行追索。

（二）信用证是一项自足文件

所谓自足文件是指独立而完整的契约文件，不受文件之外因素的约束。信用证虽然是根据买卖合同开立的，但信用证一经开出，就成为一种独立的完整的契约文件，不受买卖合同的约束。在信用证业务中，当事人只按信用证的规定办事。

（三）信用证是一种纯单据业务

银行处理信用证业务时，只凭单据，不问货物，它只审查受益人所提交的单据是否与信用证条款相符，以决定其是否履行付款责任。

六、信用证的性质和在国际贸易中的作用

采用信用证方式，只要按信用证的要求提交单据，银行即保证

付款。所以，信用证的性质属于银行信用，是建立在银行信用基础之上的。由于银行信用优于商业信用，故较易被出口人接受，有利于交易的达成和国际贸易的发展。但是，进口人办理了开立信用证手续，并不等于已经付了款，如果开证行倒闭，失去偿付能力，进口人仍需重新开证或用其他方式付款。因而，实际是，出口人在获得商业信用保证之外又增加了银行信用保证。

采用信用证方式结算，有关当事人分别得到以下好处：

对出口人来说，只要按信用证规定发运货物，向指定银行提交单据，收取货款就有了保障。而且在货物装运前，有时还可凭信用证向银行打包贷款，在货物装运后将汇票和单据交议付行议付，通过押汇可及时收取货款，有利于加速资金周转。

对进口人来说，申请开证时只需缴纳少量押金，有些国家的银行对信誉良好的开证人还可免收押金。大部分或全部货款，等单据到达后再支付，这就减少了资金的占用。如为远期信用证，还可开立信托收据凭单以向开证行借单先行提货出售或使用，到期再向开证行付款。而且，通过信用证上所列条款，可以控制出口人的交货时间，以及所交货物的质量和数量，并按规定的方式交付货物和所需的单证和证件。

对银行来说，开证行只承担保证付款责任，它贷出的只是信用而不是资金，对出口人或议付行交来的跟单汇票偿付前，已经掌握了代表货物的单据，加上开证人交纳的押金，并无多大风险。至于出口地的议付行，议付出口人提交的汇票或单据有开证行担保，只要出口人交来的汇票、单据符合信用证条款规定，就可以对出口人垫付、或做出口押汇，还可以获得利息和手续费等收入。此外，通过信用证业务，可带动其他开户往来、保险、仓储等业务，为银行增加收益。

总之，信用证方式在国际贸易结算中可以起到以下两个主要作用：

（一）安全保证作用

由于银行信用一般优于商业信用，通过信用证方式可以缓解买卖双方互不信任的矛盾，而且可以使本来彼此不熟悉或者并不很了解的买卖双方，以及资历和信誉一般的中小企业，通过采用信用证方式结算货款，顺利地进行交易。

（二）资金融通作用

在信用证业务中，银行不仅提供信用和服务，而且可以打包贷款、做出口押汇（即议付）向出口人融通资金，还可以凭信托收据借单、做进口押汇向进口人进行资金融通。

但是，应当指出，信用证方式在国际贸易结算中也并不是完美无缺的。例如：买方不按时开证、不按合同规定条件开证或故意设下陷阱使卖方无法履行合同，或履行交货、交单后因不符合信用证规定被拒付而使出口人遭受损失。再如，受益人如果编造单据使之与信用证条款相符，甚至制作假单据，也可以从银行取得款项，从而使进口人成为欺诈行为的受害者。此外，使用信用证方式在处理时一般手续较之汇付和托收烦琐，费用也较多，业务成本较高。而且无论是申请开证还是审证、审单，技术性均较高，稍有不慎，产生疏漏、差错，就会造成损失。

第九章 交易磋商的基本内容——产品装运条件

◆本章导读

本章主要介绍了交易磋商的又一基本内容——产品装运条件，也就是国际贸易中的货物运输。国际货物运输是国际贸易的一个重要组成部分，它随着国际贸易的发展而发展，政策性和时间性较强，环节较为复杂。进行国际贸易的农民朋友和农产品出口企业必须熟悉和掌握有关国际货物运输的基本知识，这样才能在交易磋商中充分考虑运输问题，使合同的装运条款设定得更加完整、明确、合理和切实可行，从而保证进出口商品交接任务得以顺利进行。

第一节 海洋运输

一、海洋运输的地位及其作用

进出口贸易货物的海洋运输，是利用商船在世界各港口之间，通过一定的航区和航线进行的。据统计，国际贸易量的75%～80%是由海上运输来承担的。而相邻国家间的陆上运输只占15%～20%，航空运输占3%～4%。因而海洋运输是国际贸易中最主要的运输方式，它在国际贸易货物运输中占有非常重要的地位。海洋运输与其他运输方式相比，具有如下优点：

（一）运量大

船舶在海上航行，利用天然广阔的海洋，通过能力大，载重量大，这是其他任何运输方式无法与之相比的。此外，船舶货仓容量大，可运载体积大的货物，对超重、超长货物和特殊性货物有较强的适应性。所以，国际贸易中的大宗进出口货物，特别是农产品中的粮谷等，大都采用海洋运输。

（二）运费低

海洋运输由于运量大，航程远，分摊于“每吨里”的成本低，运费相对低廉，它一般为铁路运费的 1/5，公路汽车运费的 1/10，航空运费的 1/30。

（三）海洋运输本身是一种无形贸易

海洋运输像进出口贸易一样，它提供的是货物运输的工具和劳务。当今，世界上很多国家以航运收入作为平衡外汇收入的重要手段之一。

（四）具有国防后备力量的重要作用

但是，海洋运输也有它的缺点。首先是航行速度较慢，现在一艘大轮的时速为 15～16 海里，再要提速，将因燃料成本急剧上升，极不合算。由于速度慢，运期长，所以流动资金的占用量增加。此外，随着船舶吨位大型化，深水泊位不足的矛盾日益尖锐，许多大型载重船往往因等待泊位装卸而延误船期，造成巨大的浪费。其次是受气候和自然条件的影响较大，河海分布、水文变化、季节气候等都将对其时空分布产生深刻的影响，如遇冬季结冰、台风、大风大浪、浓雾、峡谷时，都会影响到水的流速、流量及水位变化，形成浅滩、沙淤，最终导致停航。

因此，海运风险较大，航期不易准确，遭受海难的可能性也较大，全世界每年遇险沉没的船舶达数百艘。因而对于生鲜度要求较高的农产品、对于需求迫切和易受气候变化影响的农产品，一般不宜采用海洋运输方式。

二、海洋运输业及主要当事人

狭义地说，以经营海上航线的船舶运输为主要业务的船公司或经营人，即船舶营运业，称为海洋运输业。广义地说，除此以外，船舶租赁业、货运代理业或船舶代理业、代为洽谈生意为主要业务的经纪人，乃至港口的装卸、理货业等，都应属于海洋运输业。

（一）船舶营运业

是指船舶经营人，以自有的船舶或租用的船舶经营海上航线，进行客、货运输的行业。所经营的可以是定期、定航线的班轮运输和不定期、不定航线，追随货源而安排就航的租船运输。

（二）船舶租赁业

是指船舶所有人本身不经营船舶的营运业务，而将自有的船舶以光船租船的形式出租给承租人，由承租人作为船舶经营人经营船舶营运业务的行业。

（三）货运代理业

是指接受进出口货物收货人或发货人的委托，以委托人名义或以自己名义，在授权范围内，为委托人办理国际货物运输及相关业务（报关、交接、仓储、调拨、检验、包装、转运、订舱等）或代表承运人承揽货物运输的服务行为，并收取报酬的行业。从事这些业务的机构或个人称为货运代理人。

（四）船舶代理业

是指接受船舶经营人或船舶所有人的委托，为他们的在港船舶代办在港的一切业务的行业。从事这些业务的人称为船舶代理人。其中，只代办揽货业务的称为揽货代理人；只代办在卸货港卸货、保管货物和向收货人交付货物的代理人，则称为卸货代理人；只为船舶代办如补充燃料、淡水和给养，以及代办修船、船舶检验等船舶本身固有业务的代理人，称为管理代理人；对由承租人负责装卸的船舶在港装卸过程进行监督的代理人，则称为监督代理人或保护代理人。

（五）装卸、理货业

是指接受货主或船舶营运人的委托，在港口分别为开航前或到达目的港后的船舶进行货物装卸、清点、交接、检验货损程度和原因并作出公证、衡量散装货物重量等项作业的行业。这些行业又可细分为装卸业、理货业、鉴定业和衡重业。装卸业是办理将货物装船和从船上将货物卸下的行业。经营这种行业的经营人也被称为装卸人。理货业是在装货或卸货时，对货物的件数进行清点，并对货物的交接作出证明的行业。理货业的从业人员通常被称为理货人。

（六）海洋运输业中的承运人、托运人和收货人

承运人是指本人或者委托他人以本人名义与托运人订立海上货物运输合同的人。承运人可以是拥有船舶或经营船舶的船舶所有人，可以是用各种方式租用船舶的承租人（包括光船租船人、定期租船人和航次租船人），也可以是从事货运代理的运输组织者或者是无船承运人。托运人是与承运人订立海上货物运输合同的人，或是将货物交给承运人的发货人。收货人是指有权提取货物的人，也可以说是合法的提单持有人。

三、海洋船舶的营运方式

当前国际上普遍采用的海洋运输船舶的营运方式可分为两大类，即班轮运输和租船运输。前者又叫定期船运输，后者又叫不定期船运输。

（一）班轮运输

班轮运输是指船舶在固定的航线上和港口间按公布的船期表航行，以从事客货运输业务并按公布的费率收取运费。

1. 班轮运输的特点

班轮运输具有以下特点：

（1）“四固定”，即固定航线、固定港口、固定船期和相对固定的运费率。

（2）由承运人负责配载装卸，承运人和托运人双方都不计算滞期费和速遣费。

（3）班轮承运货物的数量比较灵活，货运质量较高。

（4）承运人和托运人双方的权利、义务和责任豁免以班轮公司签发的提单条款为依据。

2. 班轮运费的构成

班轮运费是指班轮承运人根据运输契约承诺完成货物运输后，从托运人那里取得的报酬，是一种提供运输服务的劳务价格。

班轮运费由基本运费和附加运费组成。基本运费是一般货物在班轮航线固定挂靠的基本港口之间运输，按运价表内货物等级所必须收取的运费。附加运费是在收取基本运费的基础上，另外加收的各种费用。它是船方根据不同情况而增收的费用，用以抵补运输中的额外开支或蒙受的某种损失。附加费名目繁多，常见的有：

（1）超重附加费。它是指每件货物重量超过规定限度，须加收费用。

（2）超长附加费。每件货物超过一定长度（如 9 米），则加收费用。

（3）直航附加费。班轮公司把班轮航线上固定停靠的港口称为基本港，而同一航线一般不停靠的港口称为非基本港。如需运至非基本港口的货物达到一定数量，班轮可直航至该非基本港口卸货，而不需转船，但要加收直航附加费。

（4）转船附加费。运往非基本港口而需转船的货物，需加收转船附加费。

（5）选港附加费。选择卸货港要加收选港附加费。所选卸货港只限于船舶航次所规定的挂靠港口。

（6）港口附加费。有些港口由于条件差、装卸效率低、速度慢或港口费用较高等原因，影响班轮的正常营运，船方要加收此项费用。

（7）港口拥挤附加费。由于港口拥挤，船舶到港后需长时间等泊，船方为弥补损失，需加收此费用。此费用属于临时性质，随港口情况改变而变化。

（8）燃油附加费。因油价上涨，班轮营运成本增加，船方需加收此费用，以弥补其额外的开支。此费用也是临时性质。

（9）洗舱费。散装液态货物在装卸货物前后要清洗船舱，因而加收洗舱费。

除上述常见的附加费用外，还有绕航附加费、货币贬值附加费等。

3. 班轮运费的计收标准

班轮运价表中一般都要明确规定货物运费是按重量、体积或是价值计收，这些规定就是班轮运费计算标准。根据不同商品，通常采用下列几种：

（1）按货物实际重量计收运费，故称“重量吨”。运价表内用“W”表示。

（2）按货物的体积/容积计收，故称“尺码吨”。运价表中用“M”表示。

（3）按商品价格计收。即称为从价运费，从价运费一般按货物的 FOB 价格的百分之几收取。

（4）按货物的件数计收。一般只对包装固定，且包装内的数量、重量、体积也是固定不变的货物，才按每箱、每捆或每件等特定的运费额计收。

（5）由货主和服务公司临时议定。这种方法通常是在承运粮食、豆类、矿石、煤炭等运量大、货价较低、装卸容易、装卸速度快的农副产品和矿产品时采用。在运价表中，以“open”表示。

（二）租船运输

国际贸易货物通过海洋运输的，除成交量较少的货物和一般杂货大多需用班轮运输外，谷物、矿砂、石油、化肥、水泥、木材等大宗低值货物一般都需包租整船运输。国际海上货物运输总量中，租船运输量约占 4/5，而运输货物的价值量则只占 1/5 左右。

1. 租船运输的特点

租船运输具有如下基本特点：

（1）没有固定的航线、装卸港口和船期，可根据货主各种不同的需要，结合租船市场上的各种因素随时决定。这是租船运输的最大优点。

（2）没有固定的价格，运价可随租船市场供求情况的变化而变化，但与班轮运输相比，租船运价一般是比较低的。

（3）适用于大宗货物的运输，特别是矿产品及其他大宗交易货物。这种货物一般交易数量大，而班轮不能提供足够的舱容，用租船装运较为适宜和方便。

2. 租船合同

租船运输以合同为依据。所谓租船合同是租船人与船主间订立的载明租船人与船主双方权利和义务的文件，是海上运输合同的一种。租船合同按租船方式的不同可分为期租船合同和程租船合同两大类，其内容涉及范围广，包含条款多。以租船合同为例，合同规定，货物从起运港至目的港的运输工作由船方负责。其中有关装卸港口、装卸费用、滞期费和速遣费等方面的条款，均涉及进出口贸易合同，因此，从事进出口贸易的业务人员必须了解程租船合同的基本内容，以便正确制定进出口贸易合同的装运条款，顺利地完成装运和进口接货等任务。

第二节　铁路运输、航空运输

一、铁路运输

在国际货物运输中，铁路运输是一种仅次于海洋运输的主要运输方式，海洋运输的进出口货物，也大多是靠铁路运输进行货物的集中和分散的。

铁路运输有许多优点，一般不受气候条件的影响，可保障全年的正常运输，而且运量较大，速度较快，有高度的连续性，运转过程中可能遭受的风险也较小。办理铁路货运手续比海洋运输简单，而且发货人和收货人可以在就近的始发站（装运站）和目的站办理托运和提货手续。铁路运输也是多式联运的中间环节。

对外贸易铁路运输按营运方式不同可分为国际铁路联运和国内铁路运输两种。

（一）国际铁路联运

凡是使用一份统一的国际联运票据，由铁路负责经过两国或两国以上铁路的全程运送。并由一国铁路向另一国铁路移交货物时，不需发货人和收货人参加，这种运输称为国际铁路联运。它的开办不仅免除了货物在国境站重新办理托运的手续，而且通过直接过轨运输，可以节省时间和费用，从而方便和加速了货物运送，减少了货损货差，降低了运输成本。特别是铁路集装箱运输的发展，为国际贸易创造了有利条件。

采用国际铁路联运，有关当事国事先必须要有书面约定。欧洲国家的铁路联运工作开始较早。从 1951 年 4 月 1 日起，我国同前苏联开办铁路联运，同年 11 月，前苏联和东欧各国签订《国际铁路货物联运协定》。从1954年1月1日起，我国同朝鲜、蒙古也参加了上述协定，1956年5月1日，越南也参加了国际铁路联运。至此，欧亚大陆12个国家参加了《国际铁路货物联运协定》，简称《国际货协》。

目前，我国对朝鲜、独联体国家的大部分进出口货物以及东欧一些国家的小部分进出口货物，都采用国际铁路联运的方式运送。根据《国际货协》的规定，不管是否是《国际货协》的参加国，相互之间均可以相互运送货物。

为了适应东欧、北欧一些国家的需要，我国于1980年成功地试办了通过西伯利亚大陆桥实行集装箱国际铁路联运。目前，我国负责国际铁路联运进出口集装箱货物总承运人和总代理的是中国对外贸易运输总公司。1992年，东起连云港，途经陇海、兰新北疆铁路进入独联体直达荷兰鹿特丹的第2条亚欧大陆桥运输的正式营运，更进一步加快了货运速度，节省了运输费用，将进一步促进我国对外贸易的发展。

（二）国内铁路运输

按照《国内铁路货物运输规程》的规定，我国出口货物经铁路运至港口装船以及进口货物卸船后经铁路运往各地，均属于国内铁路运输的范畴。而对香港、澳门的铁路联运是各地对外贸易运输公司的分支机构承担全程运输的一种特殊的联运方式，即不同于一般经铁路运到港口装船出口。它的具体作法是，首先要发货人把货物从始发站托运到深圳北站，交由设在深圳北站的外贸运输机构接货（不卸车），然后由该机构会同香港的有关中资机构负责其后的运输工作。发货人发货后凭外贸运输机构签发的货物承运收据办理结算货款。

二、航空运输

航空运输是一种现代化的运输方式，它与海洋运输、铁路运输相比，具有速度快、航线不受地形条件限制，安全准时，手续简便，节省包装、保险及存储费用等特点。特别是对于一些急需、贵重、时令性鲜活产品比用其他运输方式更为优越。所以发展迅速、运量增长很快，在国际贸易运输中的地位日益提高。

近几年来，我国的航空货运也有了较快的发展，陆续开通了一些国内与国际航线，但受资金、技术与管理的限制，在国际货运中还占较小的比例。大力发展航空货运将是我国运输业的一项重要任务。

我国的航空货运由中国对外贸易运输总公司负责安排出口空运任务，外运总公司是中国民航的代理，也是各进出口公司的货运代理。我国进口采用空运的货物是由国外的货运代理公司负责安排的。国际航空运输主要有班机运输、包机运输、集中托运和航空专递也称快递业务。

（一）班机运输

班机运输是指航空公司按固定的航线、航班、始发站、途经站和终点站进行往复飞行，并按公布的运价向公众开放的营运方式。班机运输具有起运和到达时间准确、易掌握的优点，但由于多数航空公司的班机是客货同机运载，故运量小，运费贵。

（二）包机运输

包机运输是指由承租方与出租方（或中间人）在包机合同中约定货量、起运站、目的站、运价等，进行货物运输。包机运输运载量比班机大，且运费相对地比班机低廉。

（三）集中托运

集中托运是指由航空货运代理公司把若干批单独发运的货物，

按目的站区分、整理、集中组成一批，以一份总运单向航空公司集中办理托运。货到目的站后，由货运代理公司在当地的代理负责收货、报关等，并分交实际收货人。这种方式托运手续简便，运费低廉，是国际航空运输中普遍使用的做法。

第三节　合同中的装运条款

装运条款的内容及具体订立与合同的性质和运输方式有着密切的关系。我国的进出口合同大部分是 FOB、CIF 和 CFR 合同，而且大部分的货物是通过海洋运输。按照国际贸易惯例解释，在上述条件下，卖方只要将合同规定的货物在装运港履行交货手续，取得清洁的装船单据，并将其交给买方或其代理人，即算完成交货义务。因此，上述合同的装运条款应包括装运时间、装运港、目的港、是否允许转船或分批装运、装运通知以及滞期、速遣条款等内容。

一、装运时间

关于装运时间的规定，通常有以下几种方法：

（1）规定具体一段期限，如：1996 年 2 月装运或 1996 年 7/8/9 月份装运；

（2）规定最迟期限，如 1996 年 8 月 15 日以前装运，装运期不迟于 1996 年 10 月 31 日或在 1996 年 10 月底以前装运。这种规定装运时间的方法，具体、明确，买卖双方不会在装运期上产生争议，因此，在国际货物买卖合同中使用最广。

（3）规定收到信用证后若干天内装运。这种规定方法，主要用于卖方专为买方制造的特定商品，或买方信誉较差，防止其不履约（不开来信用证），以及某些国家进口管制较严，卖方难以收汇等情况。如在合同中规定：收到信用证后 60 天内装运。

采用这种方法时，为防止买方拖延开证或拒绝开证，造成卖方无法及时安排生产、包装、装运而陷于被动。同时还应该在合同中加列对买方按时开证的约束条款。如：买方最迟于某年某月某日开来信用证，否则卖方有权按买方违约提出索赔，甚至撤销合同。

二、装运港和目的港

（一）装运港

装运港是指货物起始装运的港口。在采用常用的FOB、CFR和CIF时，装运港即为交货地点，只要卖方在规定装运港将货物装上指定目的港的船舶，即算完成交货义务。因此，装运港也是装运条款中的一项重要内容。在国际货物买卖业务中，装运港和目的港的选用，都与买卖双方所采用的贸易术语有关。一般情况下，装运港都由卖方根据货源情况提出，经买方同意后确定。在进出口业务中。规定装运港时需注意的问题分述如下。

1. 在出口业务中应注意以下四点：

（1）装运港通常只规定一个；

（2）如货源分散在几处的情况下，可以规定几个装运港；

（3）具体装运港不能确定时，甚至可笼统规定为“中国口岸”；

（4）装运港一般应靠近货源地。

2. 在进口业务中应注意以下3点：

（1）不能接受国家政策不允许往来的港口为装运港；

（2）装运港规定应明确具体；

（3）若采用FOB贸易术语，由我方派船接货，应注意选择装卸条件好、费用低、适合船舶安全停靠（如水深、无冰冻，对船籍无限制等）的港口为装运港。

（二）目的港

目的港是指货物最终卸下的港口。为了便于安排运输（租船订舱）及政策上的原因，买卖合同中都应明确规定目的港。一般情况下，目的港由买方根据需要提出，经卖方同意后确定。在进出口业务中，规定目的港时应从以下方面考虑。

1. 在出口业务中，应注意如下六点：

（1）不能接受国家政策不允许进行贸易的国家港口为目的港；

（2）一般应规定一个目的港。不应接受“欧洲主要港口”、“非洲主要港口”等笼统规定方法。由于国际上到底哪些港口算作主要港口并无统一解释，且港口之间距离较远，条件差异也较大，故容易发生争议；

（3）不应接受内陆城市为目的港；

（4）尽量选择装卸条件好，费用低，且有直达班轮航线的港口；

（5）如果买方要求“选择港”，满足下列条件可以接受：

第一，“选择港”的数目不超过 3 个；

第二，港口必须在同一条航线上，且经常有班轮停靠；

第三，按“选择港”中最高费率计算运费。而且在合同中规定由于选港而增加的运费、附加费等均由买方负担。采用选择港时，买方必须在货到第一个港口前，按船公司规定的时间，通知船公司或代理人最后确定的目的港。否则，船方可在任一个选择港卸货。

（6）应注意国外港口有无重名。若有重名，还应注明目的港所属的国别名称。例如，维多利亚港，世界上有 12 个之多，波特兰、波士顿、的黎波里等也有数个。

2. 在进口业务中应注意两点：

（1）若采用 CIF/CFR 术语，由出口方办理运输，原则上应明确规定一个港口为目的港，应注意选择靠近用货单位或消费地区的港口为目的港。

（2）若采用 FOB 术语，对于大宗货物，由我方派船接收，可根据具体需要，争取规定几个目的港或“中国港口”，以便于对进口货物的调拨和港口的合理使用。

三、分批装运和转船

分批装运和转船运输条款，也是合同中装运条款的重要内容之一，它直接关系到买卖双方的利益。

（一）分批装运的几种订法

（1）“不准分运”。采用这种规定方法，货物必须一次全部装运。

（2）“准许分运”。采用这种规定方法，卖方有分批装运的权利，只要在规定装运期内完成合同总数量的货物装运即可。卖方可选择分批装运，也可以一次全部装运。采用这种订法，对卖方交货比较有利，故我国在出口业务中办理运输时应争取订上准许分运条款。

（3）限批、限时、限量装运。如：“7月～10月，分四批，每月平均装运”；“3、4、5月各装一批，每批××吨”。

（二）转运的几种订法

（1）“不准转船”。系指货物必须从装运港直达目的港，提单必须是直达提单。

（2）“准许转船”。系指卖方有转船的权利，也可不转船。这种订法对卖方较有利，特别是在装运港到目的港无直达船或虽有直达船但船期较少的情况下，订有准许转船条件，便于卖方履行合同，可防止被动。

（3）“限在××港转船”。如：限在香港转船。采用这种订法，要求卖方必须在指定的港口转船，对卖方限制较大，一般不应接受。

第四节　装运单据

各种运输方式都有自己的运输单据，其中海运提单使用得最多。提单不同于其他运输单据，它是货物所有权的凭证。提单根据货物是否装船、有无不良批注、收货人抬头、运输方式、船舶营运方式、内容繁简、使用得有效性等，可以分为很多种类。而运输合同是用来确定托运人和承运人之间权利与义务关系的法律依据。

一、海运提单

海运提单简称提单，是由承运人（或船长）或其具备代理或代表签发的，证明已收到特定货物，允诺将货物运至特定目的地，交付给收货人的书面凭证。

（一）提单的性质和作用

（1）提单是承运人（或船长）或其具备代理或代表签发的货物收据。证明承运人已按提单所载内容收到货物。

（2）提单是一种货物所有权的凭证。提单的合法持有人有权凭提单在目的港向承运人提取货物，也可以在货物到目的港之前，通过提单转让而转移货物所有权，或凭以向银行办理抵押贷款。

（3）提单是承运人与托运人之间存在海上货物运输合同的证明。承、托双方的权利、义务和责任豁免都列在提单内。因此，提单也是处理承运人与托运人在运输中权利、义务的依据。

（二）提单的种类

提单可以从不同角度予以分类，主要有以下几种：

（1）根据货物是否已装船，分为已装船提单和备运提单。

（2）根据运输方式，可分为直达提单、转船提单和联运提单。

（3）根据船舶经营性质，可分为班轮提单和租船提单。

（三）海运提单的格式和内容

提单的格式很多，每个船公司都有自己的提单格式，但基本内容大致相同，一般包括提单正面的记载事项和提单背面印就的运输条款。提单正面的内容，通常包括以下事项：

（1）托运人；

（2）收货人；

(3) 被通知人;

(4) 收货地或装货港;

(5) 目的地或卸货港;

(6) 船名及航次;

(7) 唛头及件号;

(8) 货名及件数;

(9) 重量和体积;

(10) 运费预付或运费到付;

(11) 正本提单的张数;

(12) 船舶公司或其代理人的签章;

(13) 签发提单的地点及日期。

在班轮提单背面,通常都有印就的运输条款,这些条款是作为确定承运人与托运人之间以及承运人与收货人及提单持有人之间的权利和义务的主要依据。

二、铁路运输运单

铁路运输可分为国际铁路联运和国内铁路运输两种方式。前者使用国际铁路联运运单;后者使用国内铁路运单。通过铁路对港、澳出口的货物,由于国内铁路运单不能作为对外结汇的凭证,故使用承运货物收据这种特定性质和格式的单据。

(一) 国际铁路货物联运运单

国际铁路货物联运运单是铁路与货主间缔结的运输契约。该运单从始发站随同货物附送至终点站并交给收货人。它不仅是铁路承运货物出具的凭证,也是铁路同货主交接货物、核收运输费用和处理索赔与理赔的依据。由于国际铁路货物联运分为快运和慢运两种,故在运单及副本上加有不同的标记。

凡需快运的货物,则在运单及其副本以正反两面的上边与下边加印有红线；慢运货物则使用不加印红线的运单和运单副本。国际铁路联运运单副本，在铁路加盖承运日期戳记后发还给发货人，它是卖方凭此向银行结算货款的主要证件之一。

（二）承运货物收据

承运货物收据是在特定运输方式下所使用的一种运输单据，它既是承运人出具的货物收据，也是承运人与托运人签订的运输契约。我国内地通过铁路运往港、澳地区的出口货物，一般多委托中国对外贸易运输公司承办。

三、航空运单

航空运单是承运人与托运人之间签订的运输契约，也是承运人或其代理人签发的货物收据。航空运单还可作为承运人核收运费的依据和海关查验放行的基本单据。它与海运提单不同，不是代表货物所有权的凭证，也不能通过背书转让。收货人提货不是凭航空运单，而是凭航空公司的提货通知单。在航空运单的收货人栏内，必须详细填写收货人的全称和地址，而不能做成指示性抬头。

第十章　交易磋商的基本内容——产品运输保险

◆本章导读

国际贸易中的货物往往需要从出口国运输至进口国。货物在漫长的运输途中，包括装卸和存储过程中，可能会遇到难以预料的风险，导致货物发生损失。为了消除农民朋友和贸易代理企业对运输风险的后顾之忧，于是就产生了货物运输保险业务。货物运输保险是贸易代理企业用来转移运输风险及由此造成损失的一种措施。在国际贸易实务中，买卖双方需要对由谁去办理保险和支付保险费，以及投保何种险别等内容进行磋商，并在合同中加以规定。因此，了解有关产品运输保险的基本知识也是十分重要和有用的。

第一节　海上运输保险

海上货物运输保险，是指被保险人（卖方或买方）将海洋运输过程中的货物作为保险标的，向保险人（保险公司）按一定金额投保一定险别，并交纳保险费的保险业务。

一、海上风险的种类

各国保险业的承保范围都只限于保险单上所订立的风险种类。这些风险概括起来有三个方面：可保障的危险、可补偿的损失和可承担的费用。

（一）可保障的危险

可保障的危险是指保险人（保险公司）可以承保的风险，它主要包括海上风险和外来风险。

1. 海上风险

海上风险亦称海难，它是指载货船只在海上航行或海陆运输交接过程中所发生的自然灾害或意外事故。所谓自然灾害，一般包括暴风、骤雨、雷电、海啸、流冰、地震等人力不可抗拒的自然侵袭所造成的破坏；所谓意外事故是指意外原因造成的事故，如船舶搁浅、触礁、沉没、失火、互撞等等。

2. 外来风险

外来风险一般是指由于外界原因对货物所造成的风险和损失。这类风险包括偷窃、短少和提货不着、雨淋、短量、渗漏、破碎、受潮、受热、发霉、沾污、串味、锈蚀、钩损等等。

特殊外来风险是指货物在运输或交接过程中，由于军事、政治、国家政策法令或行政措施、罢工等特殊原因所造成的风险和损害。此外，进口国拒绝货物进口、货物在转船港口被有关当局扣留不能运达目的地、进口商拒绝提货等等所造成的损失也是特殊外来风险。

（二）可补偿的损失

可补偿的损失是指保险人（保险公司）可以承保的属于哪种性质或达到哪种程度的损失。由于这种损失是在海上货物运输过程中发生的，故属于海损。海损是船舶或货物在海上运输过程中由于海上风险或外来风险所造成的损失。根据各国海运保险业务习惯，海损实际上也包括与海陆连接的陆运过程中发生的损失。

海损从性质上可以划分为共同海损和单独海损。

1. 共同海损

指在海洋运输中，船舶和货物在遭遇到共同危险时，船方为了船、货共同的安全，有意采取合理措施使船舶和财产脱离危险而作出的特殊牺牲或支付的特殊费用。

构成共同海损必须具备以下几个方面的条件：

(1) 危险必须是确实存在并危及船、货各方的共同安全，而不是主观想象的。

(2) 船方采取的措施必须是为了解除船、货的共同危险，并且是有意而合理的。也就是说，采取措施不是仅仅为了船舶一方或货物一方的利益，而是以维护船舶和所有载运货物的共同安全为目的；所谓有意，是说采取的措施是有目的的行动。

(3) 损失应具有特殊性，其支出费用应是额外的，或者说，损失不是海上危险直接导致的，而是在非常情况下，为了解除危险而造成的特殊损失。

2. 单独海损

是相对于共同海损而言的。它是指保险标的发生保险事故直接给保险标的本身造成的损害以及为此而多支付的费用。这种损失只局限于被保险人，而不涉及其他有关方面的利害关系。例如：某受灾船舶在运输途中遇到暴风雨，某个装载茶叶的船舱进水，茶叶变质。这种损失只限于该批茶叶的货主的利益，与同船的其他货物的主人和船东的利益无关。

(三) 可承担的费用

可承担的费用主要有施救费用、救助费用、特别费用和额外费用。

二、海上货物运输保险合同

(一) 海上货物运输保险合同的订立

保险合同是保险人与被保险人双方订立的合同。

中国人民保险公司办理投保按两种手续进行：

(1) 如果由收货人直接投保，应填具投保单一式两份，写明货物名称、保险金额、运输路线、运输工具、投保险别等事项。其中，一份由保险公司签章后交还被保险人，作为承保的凭证；另一份留在保险公司，凭此出具保险单。投保人收到保险单，保险合同即告成立。

（2）如果由外贸进出口公司投保出口货物运输保险，为节省手续，一般不填投保单，而利用有关出口单据的副本（如出口货物明细单、货物出运分析单等）来代替投保单。

（二）海上货物运输保险合同的形式

海上货物运输保险合同要通过签署正式的书面凭证才能确立。这通常包括保险单和保险凭证、保险批单等形式。

（1）保险单，简称保单，是保险人与被保险人之间订立的保险契约，也是保险人对被保险人的承保证明。当发生保险范围内的损失时，被保险人可以凭保单向保险人要求赔偿。保险单可以转让，并且通常是被保险人向银行进行押汇的证件之一。

保险合同的全部条款和有关项目都已经设定好，并印刷在保险单的正面和背面。它的主要内容包括：保险人和被保险人的名称，货物名称、包装种类及件数、唛头及件号，装运港和目的港名称、载运船只名称及开航日期，保险金额、承保险别、保险费和费率、赔款偿付地点，保险公司代理人名称、出单公司的地址、出单日期等等。

（2）保险凭证，也称保险证书，是一种简化的保险单，它发给被保险人，证明货物已经投保，保险单已经签发。这种证明文件只在正面书写有关事项，载明被保险人的名称、保险货物名称、载运船只名称、投保险别、保险期限、保险金额等，这种条款以正式保险单的保险条款为准。中国人民保险公司承保对外贸易进出口公司向港、澳、新、马等地区出口货物时，将保险险别与保险金额加注在进出口公司开出的发票上，其他事项以发票所列事项为准。

（3）保险批单，是在保险人签发保险单或保险凭证之后，应被保险人的要求，修改补充原保险单或保险凭证内容而成的单证。它附贴在原保险凭证上，成为保险合同的组成部分，但不构成独立的合同形式。

三、海上货物运输保险的险别

（一）主要险别

包括平安险、水渍险和一切险三种：

1. 平安险的英文原意为“单独海损不赔”，即保险标的物所遭受的单独海损原则上不在承保范围之内，只对标的物在承保范围内所发生的全部损失、共同海损负赔偿责任。但是国际贸易的长期实践逐渐突破了原先的严格限制，现在的保险公司对某些单独海损也可酌情实行赔偿。平安险承保人的责任范围比较窄小，它主要包括：

（1）被保险的货物在运输途中由于恶劣气候、雷电、海啸、地震、洪水等自然灾害造成整批货物的全部损失或推定全损。

（2）由于运载船舶搁浅、触礁、沉没、互撞、与流冰或其他物体碰撞以及失火、爆炸等意外事故造成货物的全部或部分损失。

（3）在运载船舶发生搁浅、触礁、沉没、焚毁等意外事故的情况下，货物在此前后在海上遭受恶劣气候、雷电、海啸等自然灾害所造成的部分损失。

（4）在装卸或转运货物时，由于一件或数件整件货物落海造成的全部或部分损失。

（5）被保险人对遭受保险责任范围内危险的货物采取抢救、防止或减少货损的措施而支付的合理费用，但以不超过该批被救货物的保险金额为限。

（6）运载船舶遭遇海难后，在避难港由于卸货所引起的损失以及在中途港、避难港由于卸货、存仓以及运送货物所产生的特别费用。

（7）共同海损的牺牲、分摊和救助费用。

（8）在运输契约订有“船舶互撞责任”条款时，根据该条款规定应由货方补偿船方的损失。

2. 水渍险是沿袭我国过去保险业务中的习惯称谓，其英文原意是“单独海损负责”。它的责任范围除了包括平安险的各项责任外，还负责被保险货物由于恶劣气候、雷电、海啸、地震、洪水等自然灾害所造成的部分损失。

3. 一切险，又称综合险，它不是指承保一切损失，而是指承保由于意外事故所直接造成的一切损失。一切险的责任范围除了包括平安险和水渍险的全部责任，还负责被保险货物在运输途中由于外来原因所致的全部或部分损失。这是保险人责任范围最大的一种险别。

四、特别附加险

特别附加险不属于一切险的范围。这种风险常常是由于一个国家（或地区）的政治形势或政策的突然变化而引起。投保这类险别在投保主要险别之后再附加投保。特别附加险主要有：

（一）交货不到险

这种损失通常是由政治原因而造成的。比如某个国家发布禁运令或强迫卸货令，致使收货人在货物装上船以后 6 个月内未能收到货物。

（二）进口关税险

有些国家规定，不论进口货物是否完好运抵进口国，均须按进口发票所记数量、金额计征进口税。货主为了使在运输途中遭受损坏或损失的货物所支付的关税同货损一样能得到补偿，于是就投保进口关税险。

（三）拒收险

指被保险人对所保货物在具备有效进口许可证的情况下被进口国港务当局等拒绝进口或将其没收而造成的损失。

（四）舱面险

凡装在运载船舶舱面的货物（甲板货）按国际惯例应当加保舱面险，否则发生损失时，保险人不予负责。但是如果保险公司对装载在舱面的集装箱货物视同装载在舱内的货物承保，货主可以不必加保舱面险。

（五）黄曲霉素险

有些商品（如花生）有时含有黄曲霉素，如经进口国卫生检疫部门化验发现其含量超过最高限度，常常禁止其进口。一旦投保了黄曲霉素险，发生上述损失时，即可要求保险公司补偿。

除此之外，还可加保战争险、罢工险等特殊附加险。

五、保险的责任起讫

保险的责任起讫也称保险期限，在国际保险市场上，通常按"仓至仓条款"的规定办理，即被保险货物运离保险单所载明的起运港发货人仓库或贮存处所时开始，包括正常运输过程中的海上、陆上、内河和驳船运输在内，甚至货物运交保险单所载明的目的地收货人的仓库或贮存处所（或被保险人用作分配、分派或非正常运输的其他处所）为止。货物一旦进入收货人仓库，保险责任即告终止。但是，如果被保险货物在最后卸载港全部卸离海轮后60天内尚未抵达上述仓库或贮存处所，则保险责任于60天届满时终止。

第二节 陆、空运货物保险

一、陆上货物运输保险

陆上货物运输保险在国际上尚未制定出为各国普遍采用的条款，但是各国根据本国的情况一般制定有自己的保险条例和法规。中国人民保险公司陆上运输货物保险条款承保以火车、汽车为运输工具承运货物的风险。险别分为陆运险和陆运一切险两种。

（一）陆运险的保险责任范围包括

1. 自然灾害：被保险货物在运输过程中遭受暴风、火灾、雷电、地震、洪水等灾害而造成的全部或部分损失时，保险公司负责赔偿。

2. 意外事故：火车或汽车等陆上运输工具发生碰撞、倾覆、出轨、隧道坍塌、崖崩等事故造成被保险货物的全部或部分损失时，保险公司负责赔偿。

陆运险对陆上运输过程中的驳运阶段的损失也有规定。驳运工具（加渡轮）如遇到搁浅、触礁、沉没、碰撞等造成被保险货物的全部或部分损失时，保险公司也负赔偿责任。

对由于发生在保险责任范围内的事故而采取抢救、防止或减少货损措施支付的合理费用，保险公司也负责赔偿，但以不超过被保险货物的保险金额为限。

（二）陆运一切险的保险责任范围

陆运一切险比陆运险的责任范围大。它除了上述属于陆运险的责任范围外，还对一切外来原因造成被保险货物的短少、短量、损坏损失以及偷窃、提货不着、破碎、渗漏、创损、钩损、淡水雨淋、生锈、受潮受热、霉烂、沾污、串味等，也负责赔偿。

（三）陆上货物运输保险的责任起讫

陆上货物运输保险也采取“仓至仓条款”，保险责任从被保险货物运离保险单所载明的起运地的发货人仓库或贮存处所时开始，包括正常陆运和运输过程中的水上驳运在内，直到被保险货物运交保险单所载明的目的地的收货人仓库或贮存处所为止。被保险货物运抵保险单所载明的目的地后，如果没有及时送交收货人的仓库或贮存处所，则保险责任期限最长不能超过被保险货物到达最后卸载车站全部卸离陆上运输工具后60天。

二、航空货物运输保险

航空货物运输保险是承保以飞机为运输工具运载货物的保险。中国人民保险公司航空运输货物保险险别分为航空运输险和航空运输一切险两种。航空运输险的保险责任范围，包括被保险货物在运输途中遭受雷电、火灾、爆炸，由于飞机遭受恶劣气候或其他危难事故而被抛弃，由于飞机遇受碰撞、倾覆、坠落或失踪等意外事故所造成的全部或部分损失。对发生在保险责任范围内的事故采取抢救、防止或减少货损的措施而支付的合理费用也负责赔偿，但以不超过被救货物的保险金额为限。

航空一切险的责任范围扩大为：被保险货物在运输途中由于自然灾害和意外事故等外来原因如盗窃、短少、破碎、渗漏等所致的全部或部分损失。被保险货物在投保航空运输险和航空运输一切险后，还可以视情况加保航空运输货物战争险、罢工险等附加险。

航空运输货物险的责任起讫同海运险基本一致。不同之处在于，如果被保险货物未到达收货人的仓库或贮存处所，则以货物最后卸货地卸离飞机后满30天为止。

第三节　国际货物运输保险程序

一、确定投保的金额

投保金额是计算保险费的依据，又是货物发生损失后计算赔偿的依据。按照国际惯例，投保金额应按发票上的CIF价，另加10%的预期利润计算。但是，各国市场情况不尽相同，对进出口贸易的管理办法也各有差异。向中国人民保险公司办理进出口货物运输保险，可按两种办法进行：一种是逐笔投保，另一种是按签订预约保险总合同办理。

二、填写投保单

保险单是投保人向保险人提出投保的书面申请，其主要内容包括被保险人的姓名、被保险货物的品名、标记、数量及包装、保险金额、运输工具名称、开航日期及起讫地点、投保险别、投保日期及签章等。

关于投保险别，如果合同上已经订明，应按合同规定办理，在有信用证的条件下，应做到合同条款、信用证条款、保险单条款一致；如果合同上没有明确规定，则应参考货物的性质、包装、用途、运输工具、运输路线、运输季节、货物残损规律等因素。投保险别必须合理、明确，避免使用“水险”、“惯常险”、“水/火/损失”等含糊名称。该保的不应漏保，如玻璃器皿要加保“破碎险”。有时合同上没有规定要加保某种险，但对方却临时提出要求加保某种险。此时超过合同规定险别的保险费可以向对方收取。

三、提出索赔手续

被保险货物运抵目的地后，收货人如发现整件短少或有明显残损，应立即向承运人或有关方面索取货损或货差证明，并联系保险公司指定的检验理赔代理人申请检验，提出检验报告，确定损失程度；同时向承运人或有关责任方提出索赔。属于保险责任的，可填写索赔清单，连同提单副本、装箱单、保险单正本、磅码单、修理配置费凭证、第三者责任方的签证或商务记录以及向第三者责任方索赔的来往函件等向保险公司索赔。

索赔应当在保险有效期内提出并办理，否则保险公司可以不予办理。

第十一章　交易磋商的基本内容——争议和索赔

◆本章导读

本章主要介绍交易磋商的基本内容之一——争议和索赔。在国际贸易业务中，买卖双方之间可能会因为彼此的责任和权利问题引起争议。争议发生后，各方会出于本身利益向对方提出自己的权利主张，如果双方对权利主张达不成一致意见，争议就得不到解决。为了能使争议得到及时和妥善的解决，必须在合同中订立一些规定，来使合同得到更好的履行。掌握争议和索赔的基本内容，对于帮助农民朋友和贸易代理企业防范国际贸易中的风险，在出现贸易争端或者遭遇技术壁垒时积极应对，有着十分重要的意义。争议和索赔，有涉及货物买卖的，有涉及货物运输的，也有涉及货物运输保险方面的，这里仅涉及货物买卖方面的争议和索赔。

第一节　争议与违约

一、争议

争议是指交易的一方认为另一方未能全部或部分履行合同规定的责任而引起的业务纠纷。在国际贸易业务中，这种纠纷屡见不鲜，究其原因主要是：

(1) 卖方不交货，或未按合同规定的时间、品质、数量、包装条款交货，或单证不符等

（2）买方不开或迟开信用证，不付款或不按时付款赎单，无理拒收货物，在FOB条件下不按时派船接货等

（3）合同条款的规定欠明确，买卖双方国家的法律或国际贸易惯例的解释不一致，甚至对合同是否成立有不同的看法

（4）在履行合同过程中遇到了买卖双方不能预见或无法控制的情况，如某种不可抗力，双方有不一致的解释等

由上述原因引起的争议，集中起来讲就是：是否构成违约，双方对违约的事实有分歧，对违约的责任及其后果的认识相悖。对此，双方应本着友好协商、互谅互让精神，妥善解决。

二、违约及法律后果

买卖合同是对缔约双方具有约束力的法律文件。任何一方违反了合同义务，就应承担违约的法律后果，受损方有权提出损害补偿要求。但是，各国的法律或国际组织的文件对于违约方的违约行为及由此产生的法律后果、对该后果的处理有不同的规定和解释。对此，应该了解和熟悉。

英国的《货物买卖法》将违约分为违反要件和违反担保两种。违反要件是指违反合同的主要条款，即违反与商品有关的品质、数量、交货期等要件。在合同的一方当事人违反要件的情况下，另一方当事人即受损方有权解除合同，并有权提出损害赔偿。违反担保是指违反合同的次要条款，在违反担保的情况下，受损方只能提出损害赔偿，而不能解除合同。至于在每份具体合同中哪个属于要件，哪个属于担保，该法并无明确具体的解释，只是根据“合同所作的解释”进行判断。这样，在解释与处理违约案件时，难免带有不确定性和随意性。

《联合国国际货物销售合同公约》（1980年）则从违约的后果及其严重性进行判断，将违约分为根本性违约和非根本性违约。根本

性违约是指违约方的故意行为造成的违约，如卖方完全不交货，买方无理拒收货物、拒付货款，其结果给受损方造成实质性损害。如果一方当事人根本违约，另一方当事人可以宣告合同无效，并可要求损害赔偿。非根本性违约是指违约的状况尚未达到根本违反合同的程度，受损方只能要求损害赔偿，而不能宣告合同无效。

第二节　索赔和理赔

一、索赔和理赔的含义

索赔是指国际贸易业务中的一方违反合同的规定，直接或间接地给另一方造成损害，受损方向违约方提出损害赔偿要求。

所谓理赔是指违约方受理受损方提出的赔偿要求。可见，索赔和理赔是同一个问题的两个方面。

二、合同中的索赔条款

（一）异议与索赔条款

关于异议与索赔条款的内容，一般规定合同一方违约时，另一方应提出的索赔依据、索赔期限、索赔方法和索赔金额等。

索赔依据，规定提出索赔必须具备的证据和出证的机构。出具的证据必须真实、齐全、有效，出证的机构必须符合要求，否则都可能遭到拒赔。索赔期限，主要规定提赔的有效期限，在有效期限内提赔有效，逾期提赔，违约方可不予受理。索赔期限的起算时日和长短有多种规定方法，主要是依据货物的不同特性作出不同的规定。其中运用较多的办法是规定货物到达目的港（地）后的若干天内为有效期限。至于索赔方法和索赔金额，鉴于签约时难以预料日后违约的情况及其造成的损害程度，因而在合同中不作具体规定，通常只作出笼统规定。

在一般的买卖合同中，多数只订立异议与索赔条款，有的合同还将该条款和检验条款合订在一起，但在大宗货物买卖合同中，只订立异议与索赔条款，而不订立罚金条款。

（二）罚金条款

罚金条款是指合同的一方未履行合同规定的义务而应向对方支付约定的罚金，即违约金，拟补偿给对方造成的损失。

罚金条款一般适用于卖方延长交货时间，或买方迟开信用证和延期接货等情况。罚金的多少视违约延误时间的长短而定，并规定其最高限额。例如合同规定：卖方延期交货的罚金不得超过货物总值的5%；如果卖方交货时间延长10周，买方有权撤销合同，并要求卖方支付延期交货的罚金；而且卖方支付罚金后，如果买方并未撤销合同，卖方也不能解除其交货责任。

三、处理索赔案件应注意的事项

我国涉外索赔案件，多发生在进口业务中，出口业务中也时有发生。

（一）从进口业务讲，如确实属于外商的责任

1. 查明事实，分清责任，查明外商造成损害的事实和原因。

2. 合理确定索赔的项目和金额。提赔的项目要正确，提赔的金额要恰当。提赔金额过少，势必给国家造成不应有的经济损失；提赔金额过多，即超出卖方赔偿的可能，也有损于国家和本企业的形象。

3. 认真制定索赔方案。在上述工作的基础上，考虑到外商与我方业务往来的情况，以及在双方处理索赔案件过程中可能出现的问题，妥善制定索赔方案。一经制定，就要按方案处理，如情况有变，可作适当修正。

4. 及时向外商提赔。我方应在合同规定的有效索赔期内提赔，以免逾期提赔而遭外商拒绝受理。如果在有效期内提赔有困难，可要求并通知外商适当延长索赔期。

5. 做好归档工作。一桩索赔案件处理完毕，应将处理索赔的往来函电、谈判记录以及有关合同、单证等整理、登记、归档，用以备查，并从中总结经验，吸取教训。

（二）从出口业务讲，如确属我方责任

1. 认真审查索赔证据和出证机构。对于外商提供的索赔证据，着重审查其是否真实、齐全、有效，对于出证机构，着重审查其合法性。

2. 查清事实，分清责任。要向国内外有关部门和环节了解情况，查明违约的原因和责任，如果责任在我方，应予赔付；如系外商的不合理要求，应予回绝。

3. 合理确定损失界限和赔偿方法。先确定损失的范围和程度，再商定赔偿方法。对于后者，可酌情赔偿部分货物、退货、换货，也可给予一定的价格折扣或降价处理等。

4. 处理出口索赔案件应有长远考虑。作为出口方，总想扩大出口；作为赔偿方，总想尽量少赔偿。作为出口赔偿方，对于出口索赔案件应本着维护双方利益和推动未来贸易发展，实事求是地加以处理。

第三节　不可抗力

不可抗力是国际贸易中通用的一个业务术语，也是许多国家和国际公约的一项法律原则，一般都应订入买卖合同之中。

一、不可抗力的法律后果

鉴于不可抗力是许多国家和国际公约的一项法律原则，就需要明确不可抗力的法律后果。

不可抗力事故引出的法律后果一般视不可抗力事故对合同履行的影响程度区分为两种情况：一是中止合同；二是解除合同。

如果发生的不可抗力事故只是暂时或在一定时间内阻碍合同的履行，只能中止合同或延期履行合同，但不能解除有关当事人履行合同的义务，一旦这种不可抗力事故后果得以消除，仍然要履行合同。如果发生的不可抗力事故已经破坏了履行合同的根本基础，致使履行合同成为不可能，即可解除有关当事人的履行合同之责。

二、合同中的不可抗力条款

合同中的不可抗力条款是买卖双方就不可抗力的有关内容所作的合同约定。每份合同约定的内容可能有别，但通常包括：不可抗力事故的范围、不可抗力事故的法律后果、出具事故证明文件的机构以及事故发生后通知对方的期限。各国法律都承认这种约定的有效性。

（一）不可抗力事故的范围

关于不可抗力事故的范围，在我国进出口合同中大体上有三种规定方法：

1. 概括式：对不可抗力事故不作明确规定，例如“由于公认的不可抗力的原因造成卖方不能交货或延期交货，卖方不承担责任”。如此规定，过于空泛，难以作为解决问题的依据，从而制约了整个合同的效力。

2. 列举式：对不可抗力事故作出具体的规定，例如“由于战争、洪水、火灾、雪灾、暴风、地层的原因造成卖方不能按时交货或延期交货，则可推迟交货时间，或者撤销部分或全部合同”。此种规定方式虽然有具体、明确的特点，但由于不可抗力事故种类很多，难免有失偏颇，一旦发生未列明的不可抗力事故，势必产生争执。

3. 综合式：这是一种将概括和列举结合采用的规定方式，例如“由于战争、洪水、火灾、雪灾、暴风、地震以及其他人力不可抗拒的原因，卖方或买方不能在本合同第×条规定的有效期内履行合同，则本合同未交货部分即被视为取消。买卖双方的任何一方不负任何责任。”此种规定方法既明确具体，又比较灵活，可适应多变情况。

在上述三种规定方法中，我国多采用第三种。

（二）出具不可抗力事故证明的机构

在我国，该证明文件由中国国际经济贸易促进委员会或其设在各口岸的分会出具；在国外，一般由事故发生地的当地商会或合法的公证机构出具。

（三）事故发生后通知对方的期限

当发生的不可抗力事故影响到合同的履行时，遭受事故的一方应立即（有些则要求在15天内）通知对方，并在一定期限内提供不可抗力事故的证明文件。对方接到通知应及时答复，如有异议也应及时提出。

第四节　仲裁

一、仲裁的含义

农产品国际贸易中的仲裁是指交易双方当事人在争议发生前或发生后达成书面协议，自愿将经过双方友好协商或第三者调解未能解决的有关争议交给双方同意的第三者（即仲裁机构）进行裁决的一种解决争议的方式。由于仲裁是依据法律所允许的仲裁程序对争议作出的裁决，因而这种裁决具有法律约束力，双方当事人必须遵照执行。

二、仲裁协议

仲裁协议是争议双方愿意将争议交付仲裁解决的书面协议，是申请仲裁的必备材料，因而仲裁协议必须是书面的。

（一）仲裁协议的形式

（1）在争议发生前，由买卖双方在合同中订立仲裁条款，这是买卖双方愿意把将来可能发生的争议交付仲裁解决的协议。

（2）争议发生后，争议双方同意，将已发生的争议交付仲裁解决的协议，称为“提交仲裁协议”，该仲裁协议是单独订立的，独立于合同之外。按照我国国际经济贸易仲裁委员会《仲裁程序暂行规则》的规定，合同中的仲裁条款和提交仲裁协议在法律上没有任何差别，其作用和效力是完全相同的。

（二）仲裁协议的作用

根据多数国家仲裁法的规定，主要表现在三方面：

（1）它是争议双方凭此仲裁方式解决争议的依据，双方须受仲裁协议的约束。

（2）它是仲裁机构取得对争议案件的管辖权的依据，这是一项基本原则。这表明，没有仲裁协议的争议案件，任何仲裁机构都不会受理。

（3）只要争议双方提交了仲裁协议，即可排除法院对有关争议案件的管辖权，争议双方中的任何一方不得再向法院起诉，否则另一方可根据仲裁协议要求法院不予受理。

上述三方面的作用是相互联系而不可分割的，其中最重要的是第三方面的作用，即排除法院对争议案件的管辖权。不过，有些国家的法律规定，争议双方订立的仲裁条款不能完全排除法院的管辖权，对此应予注意。

三、合同中的仲裁条款

合同中的仲裁条款一般包括仲裁地点、仲裁机构、仲裁程序、仲裁效力等内容。

（一）仲裁地点

仲裁地点是仲裁条款的主要内容，往往是双方当事人利益的焦点。仲裁地点与仲裁适用的法律密切相关，在哪里仲裁，就运用哪里的法律。不同的国家有不同的法律，仲裁地点不同，仲裁用的法律也不同，就可能对争议双方的权利与义务作出不同的解释和裁决。而且，由于当事人对本国的法律和仲裁做法比较熟悉且信任，都愿意在本国仲裁。

在我国进出口贸易合同中的仲裁地点一般有三种规定方法：①首先争取在我国仲裁；②在争议的对方国家仲裁；③在双方同意的第三国仲裁。在规定第三国作为仲裁地点时，应注意选择对我国比较友好的国家，该国的仲裁机构业务能力较强、办事公道，该国的仲裁法和仲裁程序我们也比较了解。对于与我国签有贸易协定的国家，仲裁地点按贸易协定的规定处理。

（二）仲裁机构

国际贸易中的仲裁，一种是由常设的仲裁机构受理，另一种是由临时仲裁机构受理。

常设的仲裁机构分为三类：

（1）一些国际组织设立的，如国际商会仲裁院（驻巴黎）；

（2）许多国家都设有常设仲裁机构，如中国国际经济贸易仲裁委员会和海事仲裁委员会、日本商事仲裁协会、瑞典斯德哥尔摩商会仲裁院、瑞士苏黎世商会仲裁院、意大利仲裁协会、英国伦敦仲裁院、美国仲裁协会等；

(3) 一些工商行业组织设立的仲裁机构，如伦敦油籽协会、伦敦谷物商业协会等。

临时性的仲裁机构，即为解决特定的争议案件而组成的仲裁庭，一旦争议案件审理完毕，即告解散。

(三) 仲裁程序

仲裁程序主要是规定仲裁的手续、步骤和做法。很多国家都制定有本国的仲裁程序规则，我国则订有《中国国际经济贸易仲裁委员会仲裁规则》。国际仲裁的一般做法是，在哪个国家仲裁，就采用哪个国家的仲裁规则；当然，也有采用仲裁地点以外其他国家的仲裁规则的，前提是争议双方当事人已有约定。

(四) 仲裁裁决的效力

国际上普遍的做法是仲裁裁决具有终局性，对争议双方当事人均有约束力。我国就是这样做的，即凡由我国国际经济贸易仲裁委员会作出的仲裁裁决均属终局性的，争议双方都不得向法院起诉要求变更。

但是，下列情况之一者可撤销仲裁裁决：①仲裁裁决缺乏有效的仲裁协议作为依据；②仲裁员行为不当，如越权作出裁决；③法律规定不得提交仲裁审理的事项。

第五节　案例分析

一、情况介绍

国内A公司与法国B公司签订73万美元的农产品出口贸易合同，买方收货后拖欠货款，理由为B公司突然收到法院的“止付令”，该笔货款被冻结，无法支付给A公司。

经调查发现，该“止付令”涉及另一宗贸易纠纷：英国C公司向法国法院申请冻结B公司应向A公司支付的货款。进一步调查显示，C公司曾经和A公司签订合同，由A公司向C公司出口农产品，但A公司最终未履行合同，C公司向英国仲裁机构提出仲裁申请并获得胜诉裁决，最终裁定A公司由于违约应向C公司赔偿损失。C公司继而向法国法院申请该“止付令”。

二、仲裁过程及分析

A公司在收到仲裁机构的通知后，向仲裁机构提出与C公司签订的只是一个意向书，并非生效的贸易合同，同时也不存在任何的仲裁条款，所以认为该仲裁机构没有资格主持仲裁，A公司只接受在中国进行仲裁。仲裁庭决定首先对管辖权进行仲裁。

在开庭过程中，C公司提出双方签订的合同包含标准条款，而标准条款的第七条即为仲裁条款。C公司的当事人在证言中声明标准条款的复印件曾通过普通方式邮寄给A公司。即使A公司没有收到，C公司也有足够的理由认为A公司知道标准条款的存在，因此标准条款应当成为合同的一部分。C公司同时提供了支持其观点的法律资料并援引了相关的判例。而A公司坚持声称未收到相关标准条款。

仲裁员首先就下述两点进行了确认：第一，在合同顶部有黑体标明“再次确认我方从贵方购买货物以及贵方向我方出售货物将受标准条款的约束”；第二，虽然C公司提供了邮寄合同的邮局回执，但由于A公司声明没有收到该带有标准条款的合同，仲裁员将在假定A公司没有收到上述标准条款的情况下进行裁决。

在标准条款的法律适用问题上，C公司坚持要求适用英国法，而A公司在拒绝适用英国法的同时，没有提供任何与该问题相关的中国法的规定，仲裁庭最终选择适用了英国法。

根据英国相关的判例，仲裁庭认为，标准条款能否成为合同的一部分取决于一方是否给予相对方足够的提示，以使相对方知道或理应知道标准条款的存在。显然，合同顶部的黑色字样表明存在此标准条款，A公司的当事人具有多年的国际贸易实务从业经验，理应对该提示给予应有的重视。即使A公司没有收到标准条款的原件，但A公司有足够的时间要求C公司提供该标准条款。因此，C公司已经尽到了合理的提示义务，标准条款是合同的一部分。

根据标准条款中的仲裁条款，仲裁机构最终认定其对案件具有管辖权，并对案件作出了裁决，A公司最终败诉。

第十二章 合同的订立、履行

◆本章导读

本章主要介绍了合同的订立和履行程序。通过交易磋商，一方的发盘被另一方有效接受后，合同就宣告成立，双方就构成了合同关系。在我国进出口业务中，无论是口头谈判还是函电磋商，双方达成协议后，都要签订书面合同。书面合同是确定买卖双方权利和义务的一项法律文件，它对买卖双方都具有法律上的约束力，买卖双方必须履行合同。任何一方都不能单方面地修改合同内容，任何一方都要履行各自的义务，否则将承担合同的法律责任。签订和履行合同是国际贸易中的一个关键环节。经过周密的考虑和长时间的磋商，买卖双方的权利和义务都会落实在合同上，而且履行时会受到法律的规范和约束。因此，农民朋友和贸易代理企业一定要把握机会，谨慎设定合同条款，并按照合同规定履行自己的权利和义务。

第一节 合同的订立

一、书面合同的形式

在国际贸易中，进出口交易书面合同在名称和形式方面没有特定的限制。在我国进出口业务中主要使用正式合同和确认书两种形式。

（一）正式合同

正式合同的内容全面、详细，包括所有已达成协议的交易条件，列明缔约双方的权利和义务。合同可以由买方制作，也可以由卖方制作，由买方制作的称为购货合同，由卖方制作的称为销售合同。签订这种形式的合同，对于明确双方的责任，避免争议，都是有利的。所以大宗商品或成交金额较大的交易，一般采用这种合同形式，使用的是第三人称的语气。

（二）确认书

确认书的内容比正式合同简单，一般只包括交易的主要条件，而将商检、索赔等条件省略了。只是双方事先约定，将省略的条件按“一般交易条件”或某种国际、国内法的规定来处理。确认书与合同具有同等效力。由卖方出具的确认书称“售货确认书”或“销售确认书”；由买方出具的确认书称“购货确认书”。在书写时，使用的是第一人称语气。它适用于金额不大、批数较多的交易或已订有代理、包销等长期协议的交易。

二、合同的内容

我国的《涉外经济合同法》不仅对合同的成立作了明确的规定，而且对合同的内容也规定应具备以下条款：

（1）合同当事人的名称或姓名、国籍、主营业所或者住所；

（2）合同签订的日期、地点；

（3）合同的类型和合同标的的种类、范围；

（4）合同标的的技术条件、质量、标准、规格、数量；

（5）履行的期限、地点和方式；

（6）价格条件、支付金额、支付方式和各种附带费用；

（7）合同能否转让或合同转让的条件；

（8）违反合同的赔偿及其他责任；

（9）合同发生争议时的解决方法；

（10）合同使用的文字及其效力。

第二节　合同的履行

买卖双方经过交易洽商签订合同以后，就进入了合同的履行阶段。合同的履行取决于买卖双方，即一方面取决于卖方按照合同规定交付货物，另一方面还取决于买方按照合同规定办理付款及有关的事项。我国进出口单位本身要遵守“重合同、守信用”的原则，认真履行合同规定的义务，同时也要随时注意外商对合同履行的情况，及时督促对方履行合同，并对其违约行为及时查明并处理。

一、出口合同的履行

在我国出口业务中，除对少数协定国家根据双方签订的共同交货条件规定为FOB条件外，多数的交易是按CIF价格条件成交并采用信用证支付方式。这类合同在履行时往往要经过备货、催证、审证、租船订舱、报关、检验、保险、装船、制单结汇等工作环节，只有将这些环节紧密衔接，才能避免有货无证、有证无货、有船无货、有货无船等诸多问题，使出口企业在按合同规定出运货物，提供全套合格单据时，顺利从进口方取得货款，安全收汇。

（一）备货

备货指出口人根据合同规定的品质、规定、数量、包装等条件准备好货物，以便按质、按量、按时地完成交货任务。

在出口备货时，一般要注意以下几个问题：

第一，货物的品质、规格及花色搭配应与合同规定完全一致，对不符合规定的商品应立即更换，否则对方会拒收货物或提出索赔要求，给出口方在经济上与声誉上都造成损害。

第二，备货的数量应比合同规定稍多一些，以便在装船发现货物短缺或损坏时能及时补足或更换，从而避免少装现象发生。

第三，应交货物的包装材料、包装方法等方面应尽量与合同规定一致。要认真检查包装是否出现破漏、水渍等不良情况，以及包装是否适合合同规定的运输方式。

第四，货物的唛头应与合同或信用证中的规定完全一致，而且要做到字迹清晰、位置醒目、刷制正确。若合同规定由买方设计唛头，而来证中又未对唛头作出规定，出口方应要求对方及时交来唛头图案，否则出口方有权自行决定。

第五，备货时应注意信用证规定的装运期与船期情况，尽可能做到船货衔接，以避免船等货或货等船的现象，从而节约各种费用。

（二）报验

凡属国家规定，或合同规定必须经我国商检局检验出证的出口商品，在备货完毕后应及时向我国商检局提出检验申请，未经检验或检验不合格的商品不发给检验证书，不得出口。

向商检局提出报验申请要及时，应给商检机构足够的检验时间。出口企业在报验时要填写出口报验申请单，同时提供合同、信用证、往来函电等有关文件；若申请单填写有误，或实际情况发生变化而与申请单的内容不符，出口企业还要填写更改申请单，说明更改事项与更改原因。在商检部门对货物进行抽样检验合格后，对出口企业发给商检证书。

应注意的是，若出口企业未能在商检证书的有效期内将货物运出，应向商检局申请复验，复验合格，商品才能出口。

若是凭样本成交的，则报验时应向商检机构提供经签封的成交小样，即“封样”。另外，对于出口量大、出口批次多的商品，出口企业可以在收到信用证前向商检局申请预检。若预检不合格，出口企业也应有较充足的时间对货物重新加工整理，或重新寻找货源，进行备货。

(三) 催证、审证、改证

在信用证支付方式下，买方按期开立信用证是卖方出口装运履约的前提。在信用证未如期开到时，卖方应通知买方并催请其开证。同时，对开来的信用证，卖方必须认真审核，检查信用证内容和所列条款是否符合合同规定。如果不符合，还应通知买方或开证行改证，直至其与合同规定相符为止，以免遭到对方拒付而收不回货款的后果。

1. 催证

虽然按合同规定及时开立信用证是买方的主要义务之一。但它往往因市场行情变化或资金周转困难等原因而拖延开证。还可能会使出口方错过船期，不能按时履约。在这种情况下，出口方应催请买方尽快开证，并在对方仍不开证时声明保留索赔权，或拒绝交货。

除这种情况外，出口方有时根据货源与船期情况希望提前将货物运出，这时也可以向买方说明情况，催请其提前开证。特别是大宗商品交易或按国外买方要求特制商品的交易，更应结合备货情况及时进行催证。

应注意的是，国际贸易惯例允许合同不对信用证开出时间作明确规定，买方应在合理时间内开证。但这种做法会使交易双方对“合理时间”产生争议，因此最好对开证时间有明确规定。

2. 审证

信用证的开立以合同为依据，其条款也应与合同条款相符合。但由于种种原因，信用证条款经常与合同条款不一致，因此，出口方有关人员要对国外来证进行认真审核。审核信用证的基本原则就是要求信用证条款与合同中的规定相一致，除非事先征得我方出口企业的同意，在信用证中不得增减和改变合同条款的内容。对信用证进行审核是银行和出口企业的共同责任，但它们在审证时各有侧重。银行着重负责审查开证的资信能力、付款责任和索赔路线等方面的内容，而进出口公司则着重审查信用证的内容与原订合同是否一致。

银行比出口企业更先收到信用证，它主要对信用证进行总的审核，其中包括以下几点：①银行要检查开出信用证的国家或地区以及货运目的地是否与我国设有往来关系，检查与我国有贸易协定的国家的来证在开证行使用的货币、记账方式等方面是否符合协定中的有关规定；②检查国外来信的印鉴或密押是否真实，从而判断信用证的真伪；③信用证的性质；④开证人及受益人；⑤审查开证行的资信与经营作风。此外，在银行审证时还要注意信用证中是否对通知行作了不合理的规定、信用证各条款间是否有矛盾之处、来证中是否有拼写错误以及来证中是否有对引证（或套证）的规定等。

银行在对信用证进行审核后，将其交给出口企业。出口企业既要对银行审核的内容复核，又要着重对信用证进行如下专项审核：

（1）审核信用证中对商品名称、质量、规格、数量、包装、唛头等的规定是否与合同条款相符。若信用证中对此加列了某些特殊规定，要认真考虑我方是否接受。

（2）审核信用证中的货币与金额是否与合同规定相同。若信用证规定商品在数量上可以有一定幅度的增减，金额也应规定有相同幅度的增减，否则，信用证金额不得小于发票和汇票金额。若履约过程中发生的各种费用都要由买方在信用证项下一并支付，使汇票金额超过信用证金额，则出口企业应事先要求买方在信用证中对此作出明确规定。

（3）审核信用证对装运期、有效期、交单期及到期地点的规定。

对装运期的规定应与合同规定相一致。若出口企业由于种种原因不能按时出运货物，应及时要求买方延期。若信用证中未规定装运期，则信用证的有效期被视为装运期。

有效期是银行承担议付责任的有效时限，也是出口企业向银行交单议付的期限，信用证中必须对此作出明确规定。有效期与装运期之间应有一定的时间间隔，以使出口企业在出运货物、取得货运单据后有足够的时间制单、议付。

交单期是出口人在装运日后必须向银行交单的期限，以此督促卖方尽快交单，以避免在目的港出现货到而单未到的情况。若出口企业认为交单期太短，难以及时向银行交单议付，应立即向买方提出修改信用证。如果信用证中未规定交单期，根据《跟单信用证统一惯例》的规定，出口方必须在提单日后 21 天之内交单，以不超过信用证的有效期为限。

在我国的出口业务中，一般不接受到期地点在国外某地的信用证，以避免因邮程中的延迟、遗失等意外情况，使单、证晚于信用证到期日到达到期地银行，影响出口企业的安全收汇。

(4) 审查信用证对运输条款的规定。首先，应审查来证对装运港（起运地）、目的港（目的地），以及对转运与分批装运的规定是否与合同相符。除非合同中有明确规定，出口方应要求信用证允许转运或分批装运，或对此不作规定。其次，还应审查来证对分批装运是否有特殊要求。如有的信用证在规定分批装运期限的同时，也规定了各批装运的具体数量，这时只要分批装运中有一期未能按时运出，则信用证对该期及以后各期均告失效。若出口企业对这些特殊要求没有十分把握，就应向对方提出修改要求。

(5) 审查信用证中对投保险别、保险加成率、保险金额等内容的规定是否与合同规定一致。

(6) 审查信用证付款期限是否与合同相符，远期付款条件下，信用证是否对买方负担利息的条款作出了与合同一致的规定。在即期合同下，只要开证行资信可靠，我方一般也可以接受对方开来的远期信用证。

(7) 检查信用证中是否有要求合同规定以外的单据，是否对单据的内容提出了特殊要求。若发现我方不能同意的特殊要求，应立即要求对方改证。

（8）审查信用证中是否规定有特殊条款。除非出口企业确有把握做到，我方一般不接受特殊条款中的各种规定。

以上是出口企业审证的一些要点。总的说来，在以合同为标准，对信用证进行逐字审核时，只要发现我方不能接受的地方，就应要求对方改证。

3. 改证

在审证时，如果发现违背国家政策或出口企业无法办到的、与合同规定不相符的内容，应立即要求对方向原开证行申请改证。

当信用证需要修改的地方不止一处时，出口方应尽量将修改要求一次提出，以节约时间与费用。对对方银行开来的修改通知，出口方只能选择全部接受或全部拒绝，不能接受其中的一部分内容而拒绝另一部分内容。因此，一旦出口企业发现修改通知中仍有不能接受的内容，就要拒绝其全部内容，同时要求再次修改。另外，若出口方未明确表示接受修改通知或按修改通知中的规定向银行交单，则认为原信用证仍对出口方有效。

（四）租船、订舱

在 CIF 和 CFR 出口合同下，租船或订舱由出口方负责。我国出口企业通常委托中国外贸运输公司（外运公司）代办托运，为数量大、需整船运输的货物办理租船手续，同时为数量不够整船运输的货物预订班轮舱位。

在办理租船、订舱时，出口企业应根据合同与信用证中对运输条款的规定，参考外运公司公布的出口船期表填写托运单，交外运公司，作为租船、订舱的依据。由外运公司会同中国外轮代理公司或中国远洋运输公司，根据货物的性质与数量、船舷配载情况、装运港、目的港与船期等各种因素，安排载货船只或舱位，然后由外轮代理公司签发装货单，作为通知出口企业备货装船与载货船舶收货装运的凭证。

（五）报关

出口货物装运出口前必须向海关申报，未经海关查验的货物，一律不得擅自装运出口。

出口企业在货物装运前必须填写出口货物报关单。提供出口许可证、商检证书、装货单、发票、装箱单或重量单等必要证件及单据，向海关申报出口，并按规定缴纳出口关税。若海关对货物与单证检验合格，就在装货单上加盖放行章，这时船方才能将货物装船。

（六）投保

在CIF出口合同下，出口企业要在货物装运前，根据合同与信用证的有关规定向保险公司提交投保单，办理保险手续，取得保险单据。

（七）装运

货物装运时，船方的理货员凭装货单验收货物，待货物装船完毕，船长或大副签发“大副收据”作为货物已装船的临时收据，出口企业凭此向外轮代理公司换取正式提单，结算运费。

另外，出口企业在货物装船后应向对方发出通知，以便其作好收货准备。在CFR合同下，由于保险由买方办理，所以装船通知显得尤为重要。若出口方不及时发出通知，买方就不能及时办理保险，出口方要对因此而为买方造成的损失承担责任。

（八）制单结汇

制单结汇是指出口企业在货物装运后，按信用证的要求制作各种单据，并在规定的交单期内送交银行，办理结汇手续。

在信用证方式下，出口结汇的关键是出口企业提交的各种单据必须与信用证的规定一致，单据间也不得有矛盾之处，这就是银行审单时所遵循的单证严格相符原则。因此出口企业在制定单据时，必须使单据的种类、内容、份数、交单期等方面都符合信用证的规定，做到正确、完整、及时、简明、整洁。

虽然出口企业在制单时都十分认真仔细，但在实际业务中仍时常出现单证不符的情况。如果这些不符点不能在信用证规定的交单议付期内得以改正，出口企业一般只能采用“凭保议付”或“跟证托收”的方式收取货款。

凭保议付是出口企业在因单证不符而遭到国内银行拒付时，向银行出具担保书，要求银行议付买单，并保证在国外付款行拒付时退还议付行的垫款。跟证托收是出口企业将信用证下存在不符点的单据交国内银行，并通过银行向国外买方进行托收。这两种做法都使出口企业失去了银行的付款保证，银行信用变成了商业信用。为了避免这种不符点出单给出口企业带来的风险，在信用证方式下制单时一定要注意不同单据的不同要求及不同特点。

（九）索赔与理赔

在出口合同履约过程中，若进口商未履行合同规定的各项义务，使出口企业遭受损失，则出口企业应据理向对方提出索赔。但大多数情况下，往往由于卖方所交货物的品质、数量、包装不符合合同规定，或发货延迟，或在发货时出现错发货物等问题而引起进口商索赔。在处理对方的索赔时，应本着实事求是的原则，给予对方合理的赔偿，既不能推卸责任，也不能损害自身应得的利益。

以上着重介绍了以信用证为支付方式，以海洋运输为运输方式的出口合同的履行程序。随着支付方式、运输方式的不同，出口合同履约的程序、做法也会发生相应变化，但主要的环节不会出现太大变动。

二、进口合同的履行

进口合同成立后，我国的进口企业一方面要履行付款、收货的义务，另一方面也要督促国外出口商履行合同规定的各项义务，防止其拖延履约或违约而给我方造成损失。我国的进口交易大多以

FOB条件成交，以即期信用证作为支付方式，并采用海运方式运输货物。虽然不同的合同在履行中有不同的特点，但一般都要经过开证、租船订舱和催装、保险、审单付款、报关提货、商检、拨交等几个主要环节。

（一）开证

进口合同签订后，我国进口企业应按合同中的有关规定，及时向银行提交开证申请书及进口合同副本，要求银行对外开证。银行在对进口企业进口所需外汇进行核查后，还可能要求进口企业交付金额或一定比例的押金或提供其他担保，然后才按开证申请书的指示对外开出信用证。

由于及时开立信用证是买方的主要责任之一，因此进口企业一定要在合同规定期限内开出信用证，否则就构成违约，给自己造成被动。特别要注意，如果信用证规定进口方应在出口商取得出口许可证后开立信用证，或对开证时间有其他特殊规定，进口企业应照办，否则一旦信用证开出而对方不能取得出口许可，也将给进口企业造成一定的损失。

进口企业在填写开证申请书时，应在其中列明各项交易条件，并应使这些条件与合同中的规定完全一致，这样才能保证银行开出的信用证的内容与合同一致。如果对方对与合同相符的信用证提出修改要求，进口企业有权选择同意或不同意。若同意改证，就要通知开证行办理改证手续。

（二）租船、订舱和催装

在使用FOB术语的合同下，由进口方负责派船到指定港口接货。通常情况下，卖方收到信用证后，应将预计装船日期通知买方，由买方向运输公司租船或订舱。我国进口企业往往将这项工作委托给外运公司代办。手续办妥，进口方要将船名、船期通知国外卖方，以便对方备货、做好装船准备。同时，进口方还要做好催装工作，特别是对数量、金额较大的重要商品，最好委托出口地的代理督促卖方按合同规定履行交货义务，保证船货衔接。

由于FOB条件下保险由进口方办理，卖方在货物装船后应立即对买方发出装船通知，以便买方及时办理保险手续。

（三）投保

FOB或CFR进口合同下，买方可以凭卖方发出的装运通知，向保险公司办理保险手续，交纳保险费，并从保险公司取得保险单或保险凭证。我国很多外贸企业同中国人民保险公司订有“海运进口货物运输预约保险合同”，保险公司对进口货物统一承保，并对各种货物投保的险别、保险费率、适用条款、保险费及赔款的支付方法作了具体规定。

外贸公司或外运机构收到卖方装船通知后，只要将进口商品名称、数量、金额、装运港、目的港、载货船名、提单号、开航日期等通知保险公司，就视为办妥保险手续，中国人民保险公司从货物在装运港装船时起自动对货物承担保险责任。

（四）审单付汇

国外卖方交单议付后，议付行将全套货运单据寄交我国开证行，由银行会同有关外贸公司对单据的种类、份数及内容进行审核。银行审单无误后即对外付款，同时要求外贸公司按国家外汇牌价以人民币购买外汇赎单，外贸公司再凭银行的付款通知书向用货部门结算货款。

如果银行审单时发现单证不符或单单不符，应立即向国外议付行提出异议，并根据具体情况而采取拒付、货到检验合格后再付款、国外议付行改单后付款、国外银行出具书面担保后付款等不同的处理办法。

（五）报关提货

报关是指进口货物必须按海关规定的手续向海关办理申报验放

的过程。货到目的港后，进口企业要根据进口单据填写进口货物报关单连同发票、提单、装箱单或重量单、保险单及其他必要文件向海关申报进口，并在海关对货物及各种单据查检合格后，按国家规定缴纳关税。在此之后，海关将在货运单据上签章放行。

应注意的是，只有那些有报关资格的企业中经考核合格的报关员才能办理报关。报关员的签字与印章均在海关备案，若报关单上没有报关单位及报关员的签章，或签章不符，海关不予受理；我国的进口业务中，报关手续一般由外运公司代办。

（六）检验

进口货物到达后，均需及时进行检验，并应迅速取得有效的检验证明，以便发现货物质量不符、数量短缺时能及时向有关责任方提出索赔。如果港务局在进口货物卸货时发现货物短少，应填制短缺报告交船方确认，同时提出保留索赔权的声明；若发现货物残损，则应将货物置于海关指定仓库，由保险公司会同商检机构及有关当事人进行检验。

我国法律规定，凡属法定检验的进口商品，不经商检机构的检验就不得销售和使用，同时若商检不能在合同规定的检验期内进行，买方即被视为放弃索赔权。因此，凡属于法定检验或合同规定在卸货港检验、或检验后付款、或合同规定的索赔期较短、或卸离海船时已发现残损或有异状或提货不着的商品，均应在卸货港检验，其他进口商品则可以在用货部门所在地，由当地商检机构进行检验。

（七）拨交

进口货物经报关、检验后，一般仍由外运公司代办拨交手续。外运公司一方面通知用货单位在目的地办理收货手续，一方面通知外贸公司代运手续已办理完毕，并向其结算包括进口关税及货物运往内地的费用在内的一切费用。此后，外贸公司再向用货单位结算货款及各种费用。

（八）进口索赔

在进出口业务中，如果出现卖方不交货或不按期交货、原装数量不足、品质低劣、规格与合同规定不符、包装不良使货物受损等情况，进口方应向卖方索赔；如果卸货数量少于提单记载的数量或由于船方过失导致货物残损，货损应由船方负责；如果自然灾害、意外事故或其他外来原因造成了货物承保范围内的损失，或在承保范围内船方赔偿金额不足以抵补损失的部分，则由保险公司对进口方进行赔偿。可见，在进口索赔时，一定要区别具体情况，明确索赔对象。在我国进口业务中，对船方或保险公司提出索赔一般由外运公司代办，而对卖方提出的索赔，则由外贸公司自行办理。

对外索赔必须在合同规定的索赔期限内提出，如果在索赔期内来不及出具检验证书，买方应要求对方延长索赔期，或向对方声明保留索赔权。若合同未对索赔期限作出规定，根据《公约》规定，这一期限应为买方实际收到货物之日起两年。《海牙规则》规定，对船公司索赔的时限是货到目的港交货后一年，面对保险公司索赔的时限一般为货物在目的港全部卸离海船后两年。

进口方对外索赔时，应按合同规定提供索赔清单、商检机构的检验证书、发票、装箱单或重量单、提单副本、保险单及其他必要的文件及单据作为索赔的证据。例如，向船公司索赔时，要提交船长及港务局理货员签证的理货报告及船长签证的短缺或残损证明，向保险公司索赔时，要提供保险公司或其代理与买方的联合检验报告等。

另外，在索赔时应合理确定索赔金额，既要对损失作出补偿，也要对有关费用进行赔偿，从而尽量避免自己的损失。

最后，在进口合同的履行过程中，进口方也可能会收到卖方提出的索赔要求。这时进口企业应依据有关法律、惯例及实际情况进行理赔，确定自己应承担的责任，从而维护自己的信誉。

参考文献

1. 彭福永．国际贸易实务教程［M］．上海：上海财经大学出版社，2004.
2. 黎孝先．国际贸易实务［M］．北京：对外贸易教育出版社，2004.
3. 金祖光．海上保险法规与实务［M］．上海：上海人民出版社，1990.
4. 吴强．WTO 框架下农产品贸易争端研究［M］．北京：中国农业出版社，2004.
5. 熊良福，夏国政．国际贸易实务新编（第二版）［M］．武汉：武汉大学出版社，1994.

图书在版编目（CIP）数据

农产品国际贸易实务/龚晶编著．—北京：中国社会出版社，2006.9
（农村经济发展与经营管理丛书/晋保平，蔡昉主编）

ISBN 978－7－5087－1452－3

Ⅰ．农…　Ⅱ．龚…　Ⅲ．农产品－国际贸易－贸易实务　Ⅳ．F746.2

中国版本图书馆 CIP 数据核字（2006）第 109042 号

丛 书 名：农村经济发展与经营管理丛书
主　　编：晋保平　蔡　昉
书　　名：农产品国际贸易实务
编 著 者：龚　晶
责任编辑：夏丽莉

出版发行：中国社会出版社　邮政编码：100032
通联方法：北京市西城区二龙路甲 33 号新龙大厦
电　话：（010）66080300　（010）66083600
（010）66085300　（010）66063678
邮购部：（010）66060275　电传：（010）66051713
网　　址：www.shcbs.com.cn
经　　销：全国各地新华书店
经　　销：各地新华书店

印刷装订：北京天顺鸿彩印有限公司
开　　本：140mm×203mm　1/32
印　　张：5.875
字　　数：120 千字
版　　次：2006 年 9 月第 1 版
印　　次：2014 年 7 月第 4 次印刷
定　　价：9.00 元